MW01275524

René Barjavel

Le Diable
l'emporte

roman extraordinaire

Denoël

Cet ouvrage a été précédemment publié dans la collection Présence du futur aux Éditions Denoël.

Les personnes et les événements de ce roman sont imaginaires.
Toute ressemblance avec des événements réels serait au-dessous de la vérité.

René Barjavel (1911-1985) a exercé les métiers de journaliste, puis de chef de fabrication aux Éditions Denoël avant de publier son premier roman, *Ravage*, en 1943. Revendiquant son statut d'auteur de science-fiction, il est de ceux qui ont permis à cette littérature d'acquérir ses lettres de noblesse en France.

Manifestant une certaine méfiance vis-à-vis de la science et de ses potentialités mortifères, il s'est employé à positionner toute son œuvre du côté de l'Homme, prônant une position de tolérance et de compassion teintée de moralité.

Première partie

I

Mme Collignot entra la première. Sa poitrine, puis son nez, franchirent la porte. Derrière elle apparut Irène, sa fille aînée, ronde et dorée. Après ce fut Aline, la plus jeune, maigre, noire, inquiète. M. Collignot entra le dernier.

Mme Collignot s'assit sur la banquette et fit asseoir Aline à côté d'elle. Irène et M. Collignot prirent place de l'autre côté de la table, sur des chaises. La salle à manger était pleine.

Mme Collignot déplia sa serviette, regarda son mari et dit :

— Quelles vacances !

Irène sourit, tourna la tête un peu à gauche, un peu à droite, non point pour voir, car elle était myope, mais pour s'offrir aux regards, gentiment. Elle demanda à sa mère :

— Qu'est-ce que tu dis ?

Mme Collignot haussa les épaules.

Aline dit :

— C'est quand même des vacances...

Elle avait douze ans.

Les voisins de droite des Collignot en étaient déjà à la purée. C'était un ménage sans enfant, un receveur de l'enregistrement et sa femme, lui le crâne rasé et la lèvre ornée d'une moustache gauloise, elle baleinée d'un corset jusqu'au menton. Ils se haïssaient depuis trente ans, chacun souhaitant vingt fois par jour que l'autre se fît écraser par un autobus ou tombât victime d'une embolie, puis regrettant aussitôt son vœu, car lui comptait sur elle pour tenir ses meubles encaustiqués, et elle comptait sur lui pour assurer la sécurité de sa vie. Ils jouaient au piquet, tous les soirs après dîner, chacun essayant, avec acharnement, moins de gagner que de faire perdre l'autre. Puis ils se couchaient dans le même lit, et dormaient en se tournant le dos.

Au centre de chacun des murs du restaurant se dressait une large glace, de la banquette jusqu'au plafond. Les quatre glaces se faisaient face deux à deux et se renvoyaient les images des convives assis, infiniment répétées. Au-dessus d'eux, la serveuse en tablier blanc dansait un ballet en forme de croix, dans une eau verdâtre, jusqu'aux quatre horizons.

Les Collignot attendaient qu'on les servît. De la main gauche, M. Collignot cassait en menus fragments le morceau de pain posé près de son assiette, portait ces miettes à sa bouche et les suçotait.

Juste derrière lui, à la table du milieu, était assis le professeur de culture physique de la plage, un célibataire. En mangeant, tête basse, le cou un peu de travers, il lisait un roman policier. Cette table était celle des hommes et des femmes seuls, une longue table qui les réunissait à chaque repas. Ils se faisaient passer les plats, guettaient de loin les gros morceaux. Chaque femme trouvait les autres femmes laides et chaque homme les autres hommes stupides. Habillé, le professeur de culture physique paraissait quelconque, mais sur la plage il était beau. Les femmes regardaient furtivement la bosse de son bas-ventre et imaginaient un incident qui lui eût fait perdre son slip. Lui comptait : « On ! té ! troué ! quètr' ! Tirez sur les bras ! Allongez les jambes !... » En fin de journée, il était trop fatigué pour se préoccuper de garnir son lit. Il avait une petite tête.

— Te gave pas de pain ! dit Mme Collignot à son mari, tout à l'heure tu mangeras plus rien !

— Pour ce qu'il y a à manger ! dit Irène.

Elle souriait. Elle avait vingt-deux ans. Elle était riche de chair et d'humeurs équilibrées. Elle se regardait dans la glace devant elle, par-dessus l'épaule de sa mère, elle se souriait, elle était satisfaite. Plus loin, dans un reflet trouble, ses yeux myopes apercevaient des silhouettes, parmi lesquelles elle devinait les hommes.

La serveuse apporta des maquereaux frits.

— Ce qu'il y a de bien, ici, dit M. Collignot, c'est qu'on a du poisson frais.

— Il manquerait plus que ça ! dit Mme Collignot.

Un homme leva un doigt rouge et court et montra à la serveuse sa bouteille vide. Sa femme déchira l'enveloppe d'un cure-dents. Ils étaient arrivés huit jours plus tôt. Ils s'ennuyaient en vacances, mais au mois d'août personne n'achète, ils avaient fermé pour quatre semaines leur magasin, porté à la banque les billets de la dernière recette. Ils étaient partis en songeant au retour, au moment où ils pourraient recommencer à vendre et à gagner. Ils disaient : «Ça coûte tant, ça vaut tant, j'achète tant, je vends tant, je dépense tant.» Quand elle regardait les vêtements d'une femme elle disait : «Elle en a pour tant sur le dos.» Il disait : «Mon fils me coûte tant par mois.» Leur fils était parti pour Biarritz avec une femme. Ils lui avaient donné tant pour ses vacances. Ils savaient qu'il réclamerait encore au moins tant et tant. Ils mangeaient, ils dormaient, ils s'ennuyaient, ils avaient hâte de recommencer à compter. À vivre.

Assise en face d'eux à la grande table, une femme maigre, tête basse, les regardait entre deux bouchées. Elle regardait leurs gros bras, leurs bijoux, leur langouste, leur vin, elle regardait les épaules du professeur de gymnastique, le sourire d'Irène.

La peau de ses mains était grise, ses ongles tachés de blanc.

Elle regardait les uns et les autres, elle les regardait à coups de dents. Tous avaient au moins une chose qui lui manquait : argent, beauté, santé, mari, auto, enfants... Son couteau ne coupait pas, son verre était ébréché, dans son assiette son poisson était le plus petit, le plus mal cuit, le moins frais. Deux fois par seconde, son cœur se tordait et se détordait.

La serveuse aux cheveux gris allait d'une table à l'autre. Elle n'avait pas le temps de déjeuner avant les pensionnaires, car elle passait la matinée à faire les chambres. Quand elle avait vu pendant deux heures s'ouvrir et se fermer toutes les bouches, entendu mastiquer toutes ces mâchoires, respiré les odeurs mélangées du fromage et du poisson, ramassé les serviettes maculées de sauces et de rouge à lèvres pareil à du sang tourné, empilé les assiettes sales garnies de mégots et de croûtes de camembert, elle avait moins envie de se mettre à table à son tour que de vomir.

Le vent d'ouest enveloppa l'hôtel d'une bourrasque qui claqua en grosses gouttes contre les vitres.

— Quelles vacances ! répéta Mme Collignot.

— Ce n'est pas ma faute, dit M. Collignot, s'il pleut...

Par le guichet de la cuisine, l'odeur de la friture entrait en lents tourbillons. La serveuse allait et venait. Les familles penchées sur leurs assiettes triaient les arêtes, et dans les glaces leurs reflets répétés, de plus en plus vagues, glauques, difformes, en quatre foules infinies de fantômes, se penchaient sur les assiettes et triaient les arêtes jusqu'au bout des horizons.

Mme Collignot mâchait soigneusement et se taisait. Elle était assise, bien droite, massive, sur la banquette, elle ne pensait à rien d'autre, pour l'instant, qu'à mâcher. Elle était parvenue au bout de la maturité, à cet âge où les femmes qui se résignent à paraître leur âge ne paraissent plus aucun âge précis. Elle laissait blanchir ses cheveux noirs, jaunir ses cheveux blancs. La graisse avait aligné son menton et ses joues en une base rectangulaire. Sa poitrine s'était soudée en une seule masse. Elle l'avait recouverte, ce jour-là, parce qu'il faisait froid, de deux pull-overs et d'une veste tricotée. Mais parce qu'on était en vacances, elle avait gardé son short d'où sortaient, sous la table, ses grosses cuisses violacées par le vent marin.

Aline repoussa son assiette dans laquelle elle avait émietté le poisson. Elle dit :

— J'ai pas faim...

— Qu'est-ce qui ne va pas ? tu as mal quelque part ? demanda M. Collignot, inquiet.

— Tu veux qu'on te demande des œufs ? demanda Mme Collignot.

— J'ai pas faim, dit Aline.

Sa tête tournait. Elle avait l'impression que si elle se laissait aller, elle tomberait en avant dans la table, et que cette table n'avait pas de fond. Elle fit un effort, se redressa, s'appuya contre le dossier de la banquette, posa ses mains à plat de chaque côté d'elle sur la moleskine. Elle n'entendait plus ce que disait sa mère, elle n'entendait qu'un bourdonnement, un bruit de mâchoires et de fourchettes, qui s'enflait, s'affaiblissait et recommençait comme la mer. Elle regardait les visages des gens qu'elle avait déjà vus chaque jour et elle n'en reconnaissait aucun. Elle se demandait pourquoi tous ces hommes et ces femmes étaient assis autour d'elle, et qu'est-ce que c'est un homme et une femme et des cheveux et une main, une assiette, une table, bouger, parler, manger, une serveuse, mille serveuses qui bougent ensemble, dans les murs, ce bruit, ces mots, des mots, un mot : cuire, cuire, cuire...

— ...cuire des œufs ? cria la voix de sa mère.

Elle sursauta, elle essaya de se retenir mais ne put, et elle commença à pleurer. Il n'y avait qu'à pleurer, c'était la seule chose à faire, ce qui convenait à tout ça, ce qui était bien en rapport. Le soulagement. Elle pleurait, appuyée bien droite contre le dossier de la banquette, ses deux mains toujours à plat de chaque côté d'elle. Les larmes coulaient, grosses, de ses deux grands yeux noirs cernés ; des sanglots de plus en plus forts secouaient son long petit corps et chaque sanglot lui faisait du bien, soulevait ce poids qui était en elle et qui retombait ensuite sur son cœur jusqu'au sanglot suivant. Elle ne voulait pas bouger, elle ne voulait pas parler, elle ne voulait rien que pleurer, rester là comme ça et pleurer.

Mme Collignot prit son grand sac en toile cirée posé près d'elle, en tira un tricot commencé, en laine verte, piqué de deux aiguilles jaunes, une serviette de toilette humide, deux caleçons de bain, une paire d'espadrilles, un roman écorné, une glace et enfin un mouchoir. Elle essuya les yeux et les joues d'Aline, lui pinça le nez, lui dit «Souffle !...», l'embrassa sur le front, coucha sa tête sur sa grosse et chaude poitrine et la berça comme un bébé.

— Cette gamine, dit M. Collignot, il faudra quand même la montrer à un docteur.

— Pas besoin de docteur, dit Mme Collignot d'une voix un peu tendre. C'est son âge...

M. Collignot rougit.

Le vent d'ouest continuait à plaquer la pluie contre les vitres. De la cuisine, le patron passa sa tête par le guichet. Il regarda les clients sans les voir. Il était rouge, le visage couvert de sueur. Il ouvrit la bouche, but un grand bol d'air et replongea vers son fourneau. Il prit par la queue un poisson enfariné et le jeta dans l'huile bouillante.

II

La Deuxième Guerre mondiale — la G. M. 2,
comme on devait la nommer plus tard, pour sim-
plifier — s'était terminée par un bouquet. Une
fleur à Hiroshima, une fleur à Nagasaki. Jamais si
belles fleurs de feu, d'enfer, de ciel, de lumière, de
cendres, jamais si belles fleurs sur notre pauvre
Terre. Fleurs de soleil, calices, ciboires où trempe
le doigt de Dieu. Cent mille morts incandescents
sous leurs pétales, cent mille âmes purifiées. Bénis
soient les pieux guerriers. Que les savants soient
sanctifiés. Que leur règne vienne. *Amen*.

Les penseurs éblouis, les chefs d'État, les journalistes, entonnent la clameur d'enthousiasme.
Un univers nouveau vient de naître. L'homme,
l'Homme, L'HOMME a forcé l'intime secret, brisé
le sceau, enfin possédé la vierge close. Le sang a
coulé, un cri de flammes a jailli, de douleur, et d'orgueil, et d'extase. L'homme vient enfin de se montrer adulte. Il est maître désormais de l'énergie élé-
mentaire, maître de la matière femelle.

L'homme peut maintenant rester assis en son

fauteuil, bras croisés et front haut, faire travailler pour lui le caillou, le fétu, l'aile de papillon, le grain de sable. D'un signe du menton il transforme l'Univers, le fait sauter, bouillir ou resplendir. Il est en état de détruire ce que Dieu a créé, ou, à la création divine, de superposer un monde qui ne devra rien qu'à lui, un monde luisant, chronométré, huilé, mesuré, cuirassé, symétrique, voulu. Villes de nickel, routes d'argent, fruits d'or. Pluie et soleil à volonté, pas une asperge plus grosse, pas un rire plus haut. L'homme est le maître.

Prométhée, puéril ancêtre, avec son amadou...

Un savant français, interrogé sur ce qu'il éprouvait devant ces perspectives, répondit : « Ni peur ni espoir. » C'était l'expression définitive du génie de l'homme, parvenu à une altitude qui le plaçait au niveau des Dieux. Ni peur ni espoir : seulement la Connaissance et le Pouvoir. Après des millions d'années de luttes, après avoir rampé dans les cavernes, maîtrisé les monstres, domestiqué la plante et l'animal, taillé la pierre, forgé l'airain, conquis l'eau et l'air, l'homme allait enfin savourer le plein goût du fruit de l'Arbre. Même si l'enfer devait en être le prix, il ne pouvait regretter d'y avoir mordu. L'exaltation de son orgueil le sauvait de l'épouvante. Le sommet atteint, après tant de noires batailles, était si lumineux, si haut, que la chute serait un envol.

Ainsi pensaient les esprits éclairés. Mais le citoyen de troisième classe, le paysan qui, depuis les commencements, sue dans les sillons, l'ouvrier que martèle l'usine, l'employé à l'estomac aigre, pensaient, eux, tout bêtement à vivre. Ils étaient partagés, eux, déchirés, justement, entre la peur et l'espoir.

La paix ne se décidait pas à remplacer la guerre. Les nations capitalistes regardaient avec effroi l'ours russe se ramasser en boule et gonfler ses muscles, prêt, semblait-il, à se jeter sur elles. La Russie grondait, soupçonnant la meute de vouloir l'étrangler.

Les vieux nationalismes, au lieu de s'effacer devant les perspectives nouvelles, s'exaspéraient, les pieds brûlés sur la plaque rouge des luttes sociales. Les vieilles tribus de race blanche, devenues nations dans la douleur, grandies sous les coups, portaient en leur âme les refoulements d'un adulte qui se souvient d'avoir été un enfant battu. La peur écrasait les bourgeons d'amour et les pourrissait en haine. Comme des enfants battus, les nations plastronnaient, ricanaient pour cacher leur peur, et chacune espérait avoir le temps de frapper la première avant de recevoir...

Depuis la floraison d'Hiroshima, elles ne craignaient plus une blessure, mais la mort.

Mme Malosse, qui tenait un magasin de porcelaine square de Latour-Maubourg, ne pensait qu'à une chose, une seule : «Ils vont me casser ma vaisselle. Sûrement, cette fois-ci, ils vont me casser toute ma vaisselle.» Pendant la G. M. 2, elle avait tremblé jour et nuit pour ses plats et ses assiettes. Elle avait descendu son stock dans sa cave, enveloppé dans des chiffons et des journaux; les soupières, les tasses et les salières, les plats à tarte et

les saladiers, dans des caisses capitonnées, bour-
rées de paille. Tant de travail, tant de soucis, de
précautions pour aboutir à ça : la bombe atomique,
qui casse les vitres à cent kilomètres... Elle était
découragée, elle ne cherchait plus à remplacer la
marchandise vendue. Elle gardait son magasin
ouvert par habitude, parce qu'il fallait bien vivre.
Mais fallait-il vraiment vivre ? Elle se le demandait, parfois, elle le demandait à ses voisines. Elles
hochaient la tête, elles se le demandaient. Elles
disaient : « Pauvres de nous ! »

Pris entre l'espoir et la peur, balancés de la pro-
messe à la menace, les peuples commençaient à
se désintéresser de tout et à se résigner à tout. Pre-
nons l'exemple de M. Dublé. Celui-ci, quand éclata
la G. M. 2, était marié depuis cinq ans. Il était
ouvrier typographe dans une imprimerie de Mou-
lins. Le 2 septembre 1939, il possédait exactement
trois enfants, une table en bois blanc, quatre chaises et une malle pour servir d'armoire. Pauvre, il
avait épousé une jeune fille pauvre. Tout l'argent
gagné avait servi aux besoins immédiats des petits,
aux bouillies, aux couches, aux premières paires de
draps. Il n'allait pas au café, il n'allait pas à la
pêche, il ne pensait qu'à sa famille, il y pensait la
nuit quand il s'éveillait, il travaillait pour elle du
matin au soir, et c'était sa joie. Quand arriva le
mois de septembre 1939, il venait de mettre de côté
l'argent nécessaire à l'achat d'un lit plus grand
pour l'aîné des trois. Il dut rejoindre immédiatement le 352ᵉ régiment d'infanterie, en formation
près de Chaumont. Il partit à l'aube, avec un pain,

un demi-saucisson et une bouteille de bière dans sa musette. Quand il fut dans le train, il mangea un morceau de pain et une tranche de saucisson pour s'occuper l'esprit. Malgré cela il pensait. Il pensait : « Que deviendront ma femme et mes enfants si je suis tué ? Que vont-ils devenir pendant mon absence, sans argent ? » Ce fut son unique souci pendant la durée de la guerre. La victoire, la patrie, c'était l'affaire de personnages importants. On donnait des milliards à l'Allemagne pour construire des canons, puis on lui déclarait la guerre. C'étaient choses incompréhensibles, fatales, il n'y pouvait rien. Il avait un devoir à sa taille, très simple et qui l'occupait assez : subvenir aux besoins de ses enfants. Qu'allaient-ils devenir s'il était tué ?

Maintenant il n'a plus peur. La fleur d'Hiroshima l'a libéré. Il sait qu'une nouvelle guerre est possible. Mais si elle éclate, elle tuera tout le monde, tout en même temps, poussière, lumière, vapeur, ses voisins, sa table et ses draps, sa maison, sa femme, ses enfants et lui. Nul ne manquera à personne. Il est soulagé. Et maintenant il va au café, il fait la belote, il va à la pêche et il joue aux boules. L'avenir de ses enfants n'est plus entre ses mains. L'atome les tuera ou les fera vivre pour rien. Ils ne sont déjà plus dans le même monde que lui.

Aussitôt révélées les possibilités atomiques, les économistes s'étaient effrayés des perspectives de la production. Une abondance catastrophique bouchait l'horizon. Il fallait, de toute urgence, trouver des débouchés. Les nations blanches se cadenassèrent. Chacune craignait plus que la mort de voir sa propre faim rassasiée par les produits des autres. Se défendre contre la concurrence, et l'attaquer partout. Conquérir les marchés, même au prix de la misère, pour l'abondance de demain.

Las de mal travailler, mal se reposer, mal espérer, mal craindre, hommes et femmes ne retrouvaient leur équilibre qu'au temps des vacances, le temps où depuis toujours on a le droit, sans remords, de ne rien faire et ne penser à rien. Depuis toujours, M. Collignot emmenait sa famille en vacances en Bretagne. Depuis toujours Mme Collignot disait : «Nous ne reviendrons pas ici l'année prochaine.» Irène disait : «Au moins, en Bretagne, le mauvais temps ne dure pas.» Mme Collignot répondait : «Le beau temps non plus.» M. Collignot disait : «Le Midi, c'est trop loin et trop cher.»

M. Collignot espérait que tout finirait par s'arranger, que le temps de l'atome viendrait enfin, et qu'il apporterait plus de bien que de mal. Les hommes n'ignoraient pas qu'une nouvelle guerre signifierait, comme dirent les journaux, la fin de toute civilisation. Et M. Collignot croyait à la civilisation. Un gros nuage blanc venait de s'enfuir à toute allure, le ciel était bleu, et la mer bleue également, avec un peuple de petites vagues circonflexes crêtées de blanc. La plage était multicolore, mille maillots étendus les uns près des autres, éclatants de couleur sous les rayons du soleil lavé de frais. Les bras et les cuisses et les ventres nus se confondaient avec le sable. Mme Collignot, couchée, son tricot sur les yeux, s'était assoupie. Irène jouait au volley-ball. Elle manquait la balle, elle la voyait arriver trop tard. Elle riait chaque fois qu'elle la manquait et plus encore si par hasard elle la touchait.

Sa mère l'obligeait à porter un grand maillot foncé. Elle aurait porté aussi bien une cotte de mailles, si sa mère l'avait exigé, comme elle se fût, sans plus de gêne, promenée nue sous le regard des hommes. Elle n'avait pas peur d'eux, elle n'en avait pas non plus une envie précise. Elle les regardait avec une belle sympathie physique, mais sans trouble. Elle dormait bien. Elle était assez grande, elle avait les épaules rondes, les seins gros, ronds et solides, leurs bouts pointés en oblique vers le ciel, la taille lourde, les cuisses dures, les genoux et les mollets forts.

Elle coiffait en chignon bas, sur la nuque, ses cheveux couleur de chanvre. Le vent, le soleil et la pluie avaient donné à son visage cette même couleur mate, un peu terne, et sa tête apparaissait lisse, sans frontière. Quand elle riait, deux fossettes se creusaient dans ses joues, et ses dents étincelaient, mais ses yeux ne s'éclairaient guère. Ils étaient d'une teinte banale, marron un peu vert. Il leur manquait l'émoi d'une pensée rapide. Elle n'était pas très intelligente, elle le savait, cela lui était égal.

Aline vint à quatre pattes rejoindre son père. M. Collignot, assis en tailleur sur le sable, ne sachant que faire, se tirait machinalement les poils des mollets. Le soleil chauffait son crâne nu. Son petit ventre rond émergeait d'un slip bleu pâle au-dessus duquel son nombril mettait un point. Une maigre rivière de poils gris descendait sur son sternum entre ses côtes apparentes. Aline eût aimé monter sur ses épaules, comme l'année précédente, et jouer au cheval, mais elle n'osait plus. Elle s'assit près de lui, et se frotta contre son bras. Il la regarda avec tendresse. Il ouvrit la bouche pour lui dire quelque chose, et se tut. Il ne savait que dire. Pour la première fois elle portait un maillot haut qui cachait sa poitrine plate. Ses cheveux noirs pendaient jusqu'à ses épaules. Mme Collignot lui mettait des bigoudis tous les soirs. Le vent humide de la mer, chaque matin, la défrisait.

Elle se leva, se tourna vers la mer, étendit les bras, ouvrit ses deux mains au vent. M. Collignot la regardait, ému. Elle était si mince, fragile, droite dans le soleil, les hanches à peine marquées, les pieds tournés un peu en dedans, les genoux maigres. Elle poussa un cri, attendit que le vent lui répondît. La mer bourdonnait. Elle cria de nouveau, elle appelait l'invisible, le génie de l'eau bleue, du soleil.

Elle se rapprocha de son père et lui dit : « Viens... »

Il se leva, elle lui prit la main et l'entraîna vers les rochers. Elle le lâcha parce qu'il n'était pas assez agile. Elle grimpait, sautait, comme une chèvre. Elle riait, elle secouait ses cheveux, reniflait. M. Collignot, très prudent, la suivait en tâtant la roche des pieds et des mains. Il craignait de tomber, de s'écorcher sur les arêtes des coquillages. Il rejoignit Aline accroupie au sommet d'un rocher creux, plein d'eau abandonnée par la mer descendante. Elle dit : «Regarde...»

Dans l'eau, sous l'image en surface du ciel, des crevettes transparentes se déplaçaient à sauts de puce entre de longues feuilles d'algues ourlées de dentelles vernies. Un escargot de mer rampait sur un galet blanc. Deux anémones de mer mêlaient leurs tentacules. Aline plongea sa main et remua doucement les doigts. Une crevette s'approcha, recula d'un saut, revint. Aline ferma brusquement sa main et éclata de rire. Elle dit : «Je la tiens ! Tu la veux ?...»

M. Collignot, accroupi de l'autre côté du rocher, dit : «Non». Aline tenait entre deux doigts maigres la crevette convulsive. Elle lui arracha la tête et la mangea. La bête craqua sous ses dents. Aline dit : «C'est bon !...»

Elle se pencha sur l'eau, plongea un doigt vers l'anémone couleur de jade. Doucement, les fines feuilles de la bête-fleur se fermèrent autour de lui, s'y accrochèrent de leurs millions de minuscules râpes. Aline se redressa en poussant un cri. Elle était devenue blême, les yeux agrandis, le nez pincé.

M. Collignot voulut enjamber la flaque, s'enfonça dans l'eau jusqu'aux genoux. Aline se jeta vers lui, ferma les bras autour de son cou, se serra contre lui, tremblante. M. Collignot la tenait de son bras droit et s'appuyait au rocher de la main gauche, les jambes dans l'eau. Il disait : «Ce n'est rien, ma poulette, ce n'est rien, calme-toi...»

III

Une longue voiture noire s'arrêta au bord de la route qui longeait la plage. C'était un produit spécial de l'industrie américaine, un modèle unique, fabriqué sur commande : roues increvables, moteur de secours, essence comprimée, téléphone, télécinéma, couchette, lavabo, urinoir, eau chaude et froide, frigidaire, cuisinière, bibliothèque, dictaphone, classeurs, coupe-papier, vide-ordures, grille-pain, essuie-pieds, presse-fruits, ouvre-boîtes, allume-cigare, casse-noix, taille-cure-dents, lime à ongles rotative, peigne à moustaches, radar, berceuse, silence, trois places. Trois places : pour M. Gé, pour son secrétaire Emmanuel Gordon, et pour le chauffeur.

Mais la place de M. Gé restait généralement inoccupée. Ou plutôt Emmanuel Gordon s'asseyait à la place de M. Gé, et le secrétaire d'Emmanuel Gordon à la place de ce dernier. M. Gé se trouvait à ce moment-là dans un avion, à bord d'un paquebot, dans une chambre d'hôtel. La voiture noire était une de ses voitures, Emmanuel Gordon était un de ses collaborateurs. Emmanuel Gordon lui téléphonait, ses collaborateurs lui téléphonaient, sans savoir exactement où il était, et lui-même le savait-il ? Cela n'avait pas d'importance, ses intérêts le maintenaient présent dans toutes les parties du monde, il était partout et nulle part.

Emmanuel Gordon descendit de la voiture. Il restait un peu étonné de l'étrange mission que lui avait confiée cette fois-ci M. Gé. Il n'aurait jamais cru ça de lui. Il haussa les épaules. Après tout... Il était très grand, et maigre, un peu voûté, les cheveux gris coupés en brosse, les yeux gris. Il avait bonne vue, et c'était peut-être à cause de cela que M. Gé l'avait choisi pour ce travail.

L'auto s'était arrêtée à quelques pas du terrain de volley-ball. Emmanuel Gordon remarqua tout de suite Irène. La partie se terminait. Irène s'allongea sur le sable, couchée sur le côté droit, le visage tourné vers la mer. Son bras droit étendu devant elle, son bras gauche arrondi au-dessous de sa poitrine, sa joue ronde appuyée sur son épaule ronde, elle était couchée comme un paysage, collines et vallées, la terre nette et ronde du printemps qui commence, avant l'explosion et le jaillissement des graines. Ses doigts jouaient avec le sable, sa hanche montait doucement vers le ciel et redescendait vers la mer.

En huit semaines, l'auto noire fit le tour des principales plages de France. Quand elle parvint à Monte-Carlo, Emmanuel Gordon avait fait parvenir à M. Gé cent vingt-sept adresses de jeunes filles avec leur photographie en maillot de bain, leur âge, et l'adresse et la profession des parents.

M. Gé ferait, parmi ces filles de choix, une sélection sévère. Il était maintenant bien décidé.

M. Gé était un de ces hommes ignorés qui exercent un pouvoir sans limites sur les multitudes, au moyen du propre argent et de la sueur desdites multitudes.

Il était né le 2 janvier 1900, d'un père hollandais et d'une mère américaine, à bord d'un paquebot allemand qui se rendait d'Angleterre en Russie. Son âge est facile à calculer. Dix-huit ans en 1918, quarante ans en 1940, et maintenant une mince silhouette qui passe inaperçue, que l'on voit le plus souvent de dos ou en profil effacé, des cheveux blancs, des sourcils noirs, des mains soignées aux doigts minces, une voix que le téléphone transforme et qui change d'accent avec les frontières.

Un des ancêtres de M. Gé avait financé l'expédition de Charlemagne en Espagne ; servi d'intermédiaire entre le traître Ganelon et le roi maure et reçu pour sa mission trente-deux mulets chargés d'or ; au retour furieux de Charlemagne, vendu une flotte aux Maures qui voulaient fuir l'Espagne, et à Charlemagne six cents chariots pour ramener le butin ; et à Aix-la-Chapelle reçu ce butin en remboursement de son prêt.

Il avait alors donné un manteau de peau de renard et une mule blanche au trouvère Turold, pour qu'il chantât la gloire du preux Roland et de ses compagnons, et la louange de Dieu. Et Turold écrivit *La Chanson de Roland*.

M. Gé lui-même, pendant la G. M. 2, avait fourni du ciment pour le mur de l'Atlantique, de l'aluminium pour les avions de la R.A.F., du pétrole pour les chars russes, de l'acier aux Japonais et du minerai d'uranium aux usines atomiques des U. S. A.

Mais l'éclosion de la fleur d'Hiroshima, à laquelle il avait pourtant contribué, avait ébranlé son équilibre, fissuré cet intérêt indifférent qu'il portait à ses multiples affaires. Il s'était rendu compte que l'événement n'était plus à la mesure de sa volonté. Il s'était demandé si les événements ne l'avaient pas toujours conduit, alors qu'il croyait les conduire. Lui, le marchand au-dessus des grossières passions, des mêlées, des frontières, n'avait-il pas été joué, comme un simple fantassin le nez dans la boue?

Il n'avait pas désiré la paix plus que la guerre, ni la guerre plus que la paix. Il avait cru profiter de l'une et de l'autre; elles avaient peut-être profité de lui. Il avait vendu des canons ou du blé selon les besoins de la haine ou de la faim, il n'avait créé ni l'une ni l'autre. Il avait vu germer l'arbre de guerre, fleurir puis se faner ses fleurs rouges. Certes, il avait fumé le terrain autour de ses racines, taillé ses branches avant d'en cueillir les fruits, mais il était sans pouvoir sur la force qui le faisait jaillir de la terre. Il obéissait comme un paysan obéit aux saisons. Il savait que les peuples n'aspirent qu'à la paix et que, pourtant, ils fusillent ou déshonorent les hommes qui ne veulent pas se battre. Il savait que tous les savants du monde, croyant travailler pour le bonheur de l'humanité, préparaient chaque jour des moyens plus efficaces de faire couler son sang. Il savait que lorsque l'arbre de guerre paraît nu et mort, il fouille la terre de ses racines, ramasse de nouvelles puissances de sève.

M. Gé tout d'un coup avait compris que ses milliards n'étaient que chiffres vains, gribouillages, ses marchés jeux d'enfants qui pèsent de la poussière dans des couvercles de boîtes. Après tant d'activité, tant de profits, il n'était qu'un homme comme les autres, un certain homme à une certaine place, dans un certain emploi, un axe, un pignon, un ressort de la machine, un homme, cinquante-neuf kilos de vie inexplicable.

S'il ne tomba pas à genoux pour s'humilier devant Dieu et l'adorer, c'est qu'il réprouvait les solutions faciles. S'en remettre à Dieu eût été encore une réponse fabriquée, une attitude. Il préférait rester sur le plan humain, et penser et agir avec ses moyens d'homme. Dieu lui-même ne pouvait exiger plus.

En d'autres temps, Dieu se manifestait aux hommes. Il en choisissait un, il le convoquait au sommet d'une montagne et, de sa voix de tonnerre, lui disait quelle conduite tenir. Mais Dieu a assez fait. Aujourd'hui les hommes sont assez grands. Et quand fleurit la fleur d'Hiroshima, il doit s'en trouver au moins un pour comprendre.

Et M. Gé décida de construire l'Arche. Il avait longtemps hésité, il s'était demandé si cela valait la peine. Il ne s'était jamais approché d'un animal, il ne connaissait que les fleurs des fleuristes, les nourritures cuites loin de sa table, les femmes qui se préparaient pour son argent. Il était en procès avec son fils qu'il n'avait pas vu depuis douze ans. Il avait rencontré des hommes de toutes races et n'avait pas d'ami. Voyageant à travers les saisons, il n'avait jamais connu l'arrivée du printemps après un long hiver. Il mangeait sans joie, car il n'avait pas eu faim. Il ne connaissait pas le plaisir de la réussite, car il ne pouvait pas subir d'échec. Il était bien portant. Il ne tenait pas énormément à continuer à vivre.

Bien sûr, ce n'était pas sa vie qu'il s'agissait de sauver, mais la vie. Mais vraiment, est-ce que cela valait la peine ? Bêtes et hommes, après, recommenceraient à s'entre-tuer. À quoi la grande épuration du premier déluge avait-elle servi ?

Dans le monde entier se trouvaient sans doute quelques douzaines d'hommes qui savaient ce que préparaient les laboratoires, quelques douzaines d'hommes aussi puissants que M. Gé et dont il connaissait les noms et les visages, mais ils demeuraient prisonniers des jeux immédiats, enfermés dans l'illusion de leur puissance. D'autre part, des millions de misérables, pour lesquels il n'éprouvait d'ailleurs ni intérêt ni pitié, sentaient venir le cataclysme, sans savoir quelle forme il prendrait, s'ils seraient noyés, brûlés, asphyxiés, pilés, et sans pouvoir rien faire pour l'éviter.

M. Gé savait et pouvait. Son esprit, habitué à obéir à la logique, l'amena à cette conclusion : il avait pensé à construire l'Arche, il avait les moyens de la construire, il la construirait.

Il l'avait commencée depuis trois ans.

IV

— Écoute, dit Mme Collignot, qu'est-ce qu'ils ont dit ?

— J'ai pas fait attention, dit M. Collignot.

Il était assis devant la table ronde de la salle à manger, les mains sur les oreilles, le regard fixé sur une feuille portant un texte dactylographié. C'était une circulaire qu'il devait traduire en sept langues. Il l'avait apportée du bureau, pour avancer son travail du lendemain.

— Ils vont encore envoyer quelque chose dans la Lune...

— Si ça les amuse !... dit M. Collignot, qui était en train de se demander quel équivalent roumain il pourrait bien trouver au mot « indissolublement ».

Aline était couchée, Irène partie chez une amie qui fêtait son vingtième anniversaire. Mme Collignot, assise dans son fauteuil, devant le poste, tricotait des chaussettes. Elle s'était légèrement assoupie pendant le discours du ministre de la Reconstruction. Elle s'était réveillée juste à la fin du bulletin d'informations.

— Ils vont bien nous la faire tomber sur la tête, dit Mme Collignot.

— Quoi ? dit M. Collignot.

— La Lune, dit Mme Collignot.

— Ça ou autre chose... dit M. Collignot.

Il n'aimait pas qu'elle lui parlât pendant qu'il travaillait. Il avait manifesté dès l'enfance un don exceptionnel pour les langues. Cela lui avait valu un emploi stable à l'Unesco. Il comprenait couramment les principales langues des cinq continents et les parlait toutes avec un accent assez étrange que ses interlocuteurs prenaient pour un accent slave, et qui n'était, en réalité, que celui de Perpignan.

— Je vais me coucher, dit Mme Collignot, tu viens ?

— Oui, dit-il.

En sortant du cabinet de toilette, il alla se pencher sur le lit d'Aline. Il alluma la lampe de chevet, qui éclaira d'une lumière douce le visage de la fillette, ses joues où affleurait un léger creux d'ombre, ses paupières de soie, si minces qu'on devinait à travers elles le disque de l'iris. Elle respirait doucement, elle souriait un peu, d'un coin de la bouche. Il posa le dos de sa main sur son front. Il était tiède, il était frais. M. Collignot éteignit et s'en fut se coucher.

V

La nouvelle dont Mme Collignot n'avait entendu que quelques mots venait de faire sensation dans le monde : l'Agence Chinoise d'Information annonçait que le surlendemain, à 13 h 30, heure locale, une fusée à propulsion atomique s'envolerait d'un point X, en Mongolie, vers la Lune.

Les Américains et les Russes avaient déjà, à plusieurs reprises, envoyé des fusées hors du champ d'attraction terrestre, sur la Lune, vers Vénus, Mars, le Soleil. Certains même de ces projectiles, s'arrachant aux lacets du système solaire, avaient commencé un voyage vers l'infini de l'espace et du temps. Ainsi l'Univers comptait-il quelques nouveaux corps célestes, minuscules, perdus, errants, sans lois ni buts, qui comportaient ceci de nouveau : ils avaient été fabriqués, non par Dieu, mais par l'homme. Un jour, peut-être, l'un d'eux, après combien de millions d'années, verrait son voyage se terminer sur quelque terre à l'autre bout des espaces, terre brûlante ou glacée, ou simplement tempérée comme la nôtre, peuplée d'êtres monstrueux ou d'une inimaginable beauté, ou simplement laids et beaux comme nous, et qui chercheraient en vain le sens du message...

Mais à l'origine du voyage de ces engins se trouvait un simple moteur-fusée. Son carburant épuisé, le projectile n'était plus qu'un grain de sable dans l'éther, emporté par son élan, attiré et repoussé par les milliards de forces combattantes qui tissent dans le vide interstellaire leur réseau dense comme un granit. Il avait échappé à la volonté de l'homme en même temps qu'à sa main.

Si la nouvelle annoncée par l'Agence Chinoise d'Information avait fait sensation, c'était à cause des détails donnés sur la fusée qui allait s'envoler le surlendemain : elle serait propulsée par un moteur atomique, qui la conduirait jusqu'au bout de son voyage. Ce n'était plus le simple caillou lancé par un enfant et qui ne retombe plus parce qu'il a percé le ciel, c'était vraiment un véhicule accomplissant un voyage depuis son point de départ jusqu'à son terminus. C'était surtout la première réalisation du moteur atomique léger. Peut-être le commencement de l'âge d'or...

Consternation dans les sphères dirigeantes des nations blanches. Fureur chez les Russes : Ingratitude ! Dissimulation ! Ces Chinois, tout de même... Nous les avons équipés, armés, vêtus, gavés. Pendant que nous vidions pour eux nos veines, ils travaillaient dans le secret à la mise au point du moteur moléculaire ! Reste un espoir : peut-être manqueront-ils la Lune...

La fusée partit, et arriva. La réussite de l'expérience brisa d'un seul coup les chaînes du jeune géant atomique. Épouvantés à l'idée d'être dépassés par les Jaunes sur la voie de l'industrie nouvelle, les Blancs mobilisèrent leurs énergies pour rattraper le temps perdu.

Tout était en puissance dans les laboratoires. Les industriels jetèrent à la ferraille leur vieil équipement. Les actions des compagnies charbonnières s'écroulèrent, suivies de peu par les actions pétrolières. Des fortunes nouvelles succédèrent aux anciennes. Le moteur moléculaire, qu'on baptisa molémoteur, commença à bouleverser la vie des hommes.

Au bout de six mois, tous les uniprix d'Europe et d'Amérique mirent en vente un modèle ménager de molémoteur, grand comme une lampe de poche, qui, installé à la place du compteur électrique, fournissait à l'appartement lumière, force et chaleur pour une durée illimitée. En France, il coûtait six sous.

Le sou était la nouvelle unité monétaire française. Depuis des années, le franc diminuait de valeur à chaque saison nouvelle, et nul ne sait où cela se fût arrêté, si un ministre des Finances génial n'avait eu l'idée de donner le nom de sou à l'ancien billet de mille francs[1]. Il avait lancé une

1. Depuis le début de ce chapitre, le lecteur éprouve peut-être l'impression que l'auteur s'est largement inspiré d'événements récents. Il est bon de rappeler que le présent ouvrage a été écrit en 1948 et publié pour la première fois en 1949. En réalité, ce sont les événements qui ont copié notre auteur. *(N.d.É.)*

grande offensive de confiance, basée sur ce slogan que les murs portaient en lettres lumineuses, que des avions dessinaient dans les nuages, que la radio hurlait, qui s'étalait en capitales rouges en travers de la première page des journaux : « Un sou est un sou ! »

La chute de la monnaie s'était arrêtée net. Un ouvrier spécialisé gagnait cent sous par jour. Le litre de vin coûtait trois sous, une paire de poulets douze sous, les œufs deux sous la douzaine, le pain quatre sous le kilo.

Pour vingt sous, les piétons purent acquérir des patins à roulettes à molémoteur qui les propulsèrent sans fatigue sur les trottoirs. Le ciel des villes commença d'être encombré par des hommes qui volaient avec deux ailes au bras, un gouvernail aux pieds et un atome fusant au derrière.

Une moissonneuse atomique sortit à la chaîne des usines Kayser. En trente-cinq secondes, elle moissonnait un hectare de blé et livrait le pain cuit. Mais la terre ne se pressait pas plus, pour cela, de préparer la récolte. Une mission anglaise partit pour l'Afrique Équatoriale, afin d'étudier la possibilité d'y acclimater le froment, et de l'y faire mûrir trois ou quatre fois l'an. Il s'agissait également de trouver le moyen de faire grossir plus vite veaux, vaches, cochons, couvées.

Avant que ces divers problèmes fussent résolus, l'U. R. S. S., à son tour, atteignit la Lune avec une fusée à moteur atomique. Elle explosa exactement sur le point visé, avec une grande flamme, rouge bien entendu. Puis, les États-Unis firent exploser au milieu de la mer du Cirque Aristillus une gerbe de cinquante étoiles.

La Lune devint la reine de toutes les modes. Un chanteur obtint un succès international à la télé parce qu'il avait un visage rond, criblé de trous de la petite vérole. On mangea des puddings au fromage blanc, des pains boulots et des boules de gomme, on tailla les arbres en boule, on fit pondre aux poules des œufs ronds, mûrir sur les orangers des oranges blanches. On éclaira les appartements avec des lampes qui voyageaient d'une extrémité à l'autre du plafond et changeaient de quartiers. On construisit des gratte-ciel en forme de cirque, des autos en demi-globe, des meubles pivotants, des fenêtres à éclipses.

Les femmes se fardèrent le visage en blanc, portèrent des seins ronds et plats, la croupe sphérique et les yeux en croissants.

L'industrie moléculaire prenait son essor. Les journaux, la radio ne parlaient plus que des inventions nouvelles, des constructions en cours, de la Lune, de l'envol de la prochaine fusée qui serait anglaise, de la prospérité qui renaissait, de l'abondance, du soleil, de la Lune, des frontières qui s'ouvraient, de nos chers amis russes, des bons petits Chinois, de la semaine de quatre dimanches, des jeux Olympiques, de la Lune, du bonheur, de la Lune...

Le gouvernement de Sa Majesté britannique décida de faire construire en pleine forêt vierge africaine une ville atomique modèle, et lui donna le nom de Moontown. La ville française de Lunéville eut l'honneur d'être désignée pour marraine. Elle envoya son maire poser le premier boulon.

Les hommes semblaient avoir perdu non seulement la crainte d'une guerre future, mais encore le souvenir des conflits passés. Ils croyaient aux temps nouveaux. Tout allait devenir facile pour tout le monde. Pourquoi se battrait-on ?

M. Gé venait d'engager dix mille ouvriers supplémentaires pour hâter la construction de l'Arche.

VI

Un cylindre d'acier creux, de six mille mètres de diamètre et douze cents mètres de haut, posé sur sa base. C'est Moontown. Huit mois ont suffi à l'assemblage de ses pièces, préfabriquées dans toutes les usines du Royaume-Uni et des Dominions.

Dans ses parois sont disposés les alvéoles d'habitation. Chacun est desservi, à l'extérieur, par un balcon d'atterrissage avec garage individuel. À l'intérieur, une avenue circulaire aux murs d'acier, au ciel de cuivre, éclairée en lumière solaire télévisée, sert d'artère à chaque étage. Dans un tube de verre, au milieu de l'avenue, glissent sans bruit des véhicules transparents, à molémoteurs. Une station tous les cinq cents mètres. Un ascenseur tous les cent mètres.

Le triomphe de Moontown est la suppression totale des canalisations. Dans chaque appartement, le molémoteur fabrique l'eau et la réchauffe ou la glace, donne le courant électrique, conditionne l'air, cuit les aliments, absorbe les poussières et digère les ordures.

Le rez-de-chaussée et les trois premiers étages sont déjà occupés. Les autres étages, encore vides, seront mis en service au rythme d'un par semaine.

Dans le creux du cylindre, la forêt vierge a été rasée, le sol retourné, cylindré, cimenté. Sur le ciment plat, des parcs et des jardins ont été aménagés, des lacs bâtis, des usines sans fumée dissimulées dans des bouquets d'arbres. Une piste permanente de sports d'hiver occupe un diamètre.

Au dernier étage de Moontown, dans un appartement spécial, sous l'œil des savants, des sociologues, des militaires et des délégués des syndicats, vit le Civilisé Inconnu.

On sait de lui seulement qu'il est citoyen anglais. Il a renoncé à son nom et à son passé, pour être le premier à jouir des fruits de l'avenir. Tout ce que le progrès peut inventer est mis aussitôt à son service. Il est, dès aujourd'hui, l'homme de demain. Il est le banc d'essai et le modèle. La pointe de l'épée de la Civilisation. Tous les hommes du monde savent qu'ils connaîtront un jour le sort exemplaire dont il jouit. C'est une question d'un peu de temps...

Un balancement de son lit, une musique tendre, l'éveillent à l'heure qu'il a fixée. Son matelas bascule, le dépose sur un tapis roulant qui le conduit, les pieds en avant, jusqu'à la piscine. Une main de velours lui maintient la tête hors de l'eau, des courants tièdes, froids, brûlants, se poursuivent et s'entrecroisent sur sa peau. Le tapis roulant le hisse jusqu'à la plate-forme de massage. Des rouleaux, des tampons, des pinces, des disques, des pointes, des ventouses, des hérissons, des compresseurs, des râpes, des lanières, des électrodes, des pieds-de-mouton, des lampes, des vibreuses, des éponges, des gants, des soies, des zéphyrs contractent, décontractent, massent, décollent, caressent, tordent, excitent, apaisent, étirent, repassent chaque muscle, lui raclent et tordent la peau, secouent les articulations, écartent les doigts de pied, refoulent l'estomac, brassent l'intestin, titillent les glandes, chauffent la rate, font gicler la bile, tirent un par un les cheveux, pendant qu'un rasoir atomique désintègre ses poils superflus.

Du sol surgissent ses chaussures synthétiques, qui remplacent à la fois les chaussettes, les pantoufles et les souliers. Souples, chaudes, imperméables, résistantes et silencieuses. Du plafond vers lequel il tend les bras tombe son vêtement en tissu fait de courant d'air, de fumée de bois et de vapeur d'eau. Léger, infroissable, chaud dans les moments frais, frais quand le temps s'échauffe, il n'a pas de couleur propre, mais change de teinte selon le décor dans lequel il se déplace et l'humeur momentanée de qui le porte. C'est une grande tunique, serrée à la taille par une ceinture magnétique. Sa doublure, par l'effet de la gravitation moléculaire, s'applique doucement à la peau et sert de sous-vêtement.

Lavé, massé, peigné, vêtu, le Civilisé fait trois pas vers le mur qui s'ouvre à son approche, et trois autres le conduisent au fauteuil qui occupe le centre de la salle à manger. Il s'assied. Une table monte du plancher. Sur la table se trouve un plateau. Sur le plateau, un bol, dans le bol un mets dont la quantité et la qualité ont été déterminées par les instruments de la salle de massage, d'après l'état de sa peau, de ses muscles et de ses articulations. C'est un liquide sans goût. À côté du bol, une coupelle contient des pilules qui permettent au Civilisé de lui donner le goût qu'il désire : café, chocolat, jus d'ananas, pigeon rôti, pommes de terre frites.

Pendant qu'il le déguste au chalumeau, devant lui s'éclaire l'écran du télécinéma, qui lui donne les dernières nouvelles du monde, le met au courant des dernières nouveautés scientifiques, littéraires et artistiques.

Le bol vidé, la table se résorbe, et le Civilisé, pendant qu'un des bras du fauteuil lui masse doucement l'estomac, écoute une voix lui lire quelques pages d'une œuvre classique, ou du roman à succès, dont les illustrations se déroulent sur l'écran.

Trois pas conduisent le Civilisé dans la Salle des Voyages. Il décide d'aller à Honolulu en avion. Il s'étend sur une couchette, exprime simplement son désir à haute voix. Les murs se rapprochent, prennent la forme d'une cabine. Le bourdonnement des moteurs retentit, derrière les hublots défilent les nuages, les océans, puis les palmiers. Les murs s'éloignent, les paysages honoluliens se dessinent sur eux, jusqu'à l'infini, changeants et animés. La faune, la flore, l'architecture, le climat, les danses, les odeurs, les musiques, les chants des oiseaux, les cris de bêtes, les fleurs et leurs parfums, les fruits en grappes, les tigres doux comme moutons, les serpents en arabesque, les éléphants dodelinants, la mousson apprivoisée, le tam-tam, les danses nues et en robe du soir, le bar du Grand-Hôtel et le whisky-soda en smoking blanc, le pari mutuel, un moustique D. D. T., le dernier lépreux, tout défile devant lui, autour de lui, aussi réel que le vrai. Et s'il désire goûter à une femme indigène, il n'a qu'à fermer les yeux, se retourner sur sa couche, étreindre son matelas qui comporte l'appareillage nécessaire, dûment hormonisé et aseptisé, et qui pousse, au moment voulu, des petits cris en langage du pays.

Revenu de voyage, le Civilisé décide de faire un peu de sport. Trois pas le conduisent dans son stade individuel. Là, il a le choix entre un ballon rond sur ressort, un canot à sec, une machine envoyeuse de balles de tennis, un ballon ovale avec plaqueur automatique, un vélo suspendu, une muraille de rochers en caoutchouc mousse, des skis fixes sur piste roulante, un aquaplane avec gerbes d'eau salée, un voilier avec vent dans les voiles, un ring avec partner-encaisseur en plastique et arbitre en boîte disant « break » et comptant jusqu'à dix.

C'est l'heure de l'examen médical. Le Civilisé pénètre dans une cellule noire. Les appareils entrent en action. Une pompe mesure la capacité de ses poumons et pulvérise un antiseptique dans ses bronches, un casque de fer fait rayonner dans son cerveau des ondes laveuses, un œil électrique scrute sa sclérotique, un thermomètre prend sa température anale, des éprouvettes, seringues et éponges sollicitent et échantillonnent ses humeurs et ses mucus. L'image de ses côtes est projetée en avant, en arrière sa colonne vertébrale, plus bas se déroule son intestin, son cœur palpite dans un cadre vert, l'ombre de sa rate est pesée sur un plateau, sa thyroïde, ses surrénales et ses testicules mesurés dans les trois dimensions. Ses globules rouges à gauche et ses globules blancs à droite défilent à toute vitesse dans deux écrans en entonnoir, vers des robinets compteurs.

Tout à coup, retentit, stridente, une sonnerie d'alarme. Un microbe vient d'être décelé. Le vibrion, livide, tente de fuir. Un pinceau de rayons le suit dans sa course. Une piqûre intraveineuse à la saignée l'oblige à se retirer dans le muscle fessier. Une piqûre intramusculaire l'en déloge. Il se réfugie dans l'épithélium de la cuisse. Une piqûre sous-cutanée le cerne et l'assiège. Six autres piqûres galvanisent les phagocytes qui montent à l'assaut. Le vibrion combat farouchement, mais à la fin, succombe. Le Civilisé est près d'en faire autant. Une canule de verre introduite dans une artère lui retire jusqu'à la dernière goutte son sang fatigué, que remplace à mesure un sang tout neuf, fabriqué du jour même. Il sort de la cellule rajeuni. Un scalpel radio-guidé d'après un Apollon de marbre a redressé son nez, rogné ses oreilles, agrandi ses yeux, et, par la même occasion, enlevé ses amygdales, son appendice, et ses petits doigts de pied qui ne servent à rien qu'à recevoir des cors. La douleur est nulle, la cicatrisation instantanée. Nourri d'aliments en partie prédigérés, il va bientôt pouvoir se passer de la moitié de son intestin, qu'on lui enlèvera. Un jour prochain, on pourra le nourrir uniquement de piqûres et le débarrasser en entier, de la glotte à l'anus, de son tube digestif qui a toujours été un nid à microbes. On est en train de mettre au point un système d'oxygénation du sang par piqûres biquotidiennes, qui permettra de lui enlever aussi ses poumons, coupant ainsi la route de la tuberculose. Dans ces espaces intérieurs rendus vacants, on logera des appareils de mesure et d'antisepsie.

Après son deuxième repas, exactement pareil au premier, le Civilisé se rend au travail.

Trois pas le conduisent dans son atelier. C'est une pièce carrée, aux murs peints en couleurs fonctionnelles. Le Civilisé prend place sur une chaise en tubes nickelés, au siège pneumatique à ventilation interne. Devant lui se trouve son établi. La distance qui sépare la chaise de l'établi et leurs hauteurs respectives ont été calculées à un millimètre près, en tenant compte de la longueur des bras et du poids et de l'âge du Civilisé, pour réduire son effort au minimum et faciliter ses gestes. Une musique entraînante éclate. À hauteur des yeux du Civilisé, sur le mur, une maxime resplendit en lettres rouges : «Le travail, c'est la liberté!» Le Civilisé étend le bras droit et l'index. Juste sous la pointe de son doigt, monté sur un socle, se trouve un bouton. Il appuie son doigt sur le bouton. Une voix compte : «Un! deux! trois!» C'est fini. Sa journée de travail est terminée. Les jours impairs, il se sert du bras gauche.

VII

Irène approchait de ses vingt-quatre ans. Elle avait failli trois fois se marier. Son premier fiancé avait brusquement rompu et était parti, sans explication, pour l'Australie. Le second lui avait préféré, au dernier moment, une veuve qui venait de faire un héritage mystérieux. Le troisième avait disparu. À mesure que les saisons passaient, le désir de l'homme la tourmentait de façon plus précise, mais toujours une sorte de fatalité l'empêchait de succomber. Il semblait que le ciel se préoccupât de préserver sa vertu. En vérité, ce n'était que M. Gé. Il désirait la conserver vierge jusqu'à l'Arche. Ce n'était pas une tâche facile, même avec beaucoup d'argent. Il avait dû mobiliser dans ce but un nombreux personnel. Irène ne se trouvait jamais seule. Au travail, en repos, un œil toujours veillait sur elle, même dans l'ascenseur. Il faut si peu de temps, si peu de place...

Si elle avait connu les soins dont l'entourait M. Gé, elle eût certainement trouvé dans les huit jours, bien qu'elle ne fût pas très intelligente, le moyen de déjouer sa surveillance et de devenir femme, avec n'importe qui. Dans de pareils cas, la loi d'espèce parle plus fort que tout, et son instinct supplée aux défaillances de l'imagination individuelle. Mais elle se croyait libre, elle ne se voyait pas différente des milliers de jeunes filles honnêtes qui attendent, avec plus ou moins de patience, que le hasard leur présente l'homme qui deviendra leur maître. Jusque-là, le hasard l'avait mal servie. Un jour viendrait. Elle se savait belle. Elle ne resterait pas seule. Mais elle avait, parfois, des nuits pénibles.

Parmi les douze jeunes femmes qu'il avait sélectionnées pour l'Arche, M. Gé ne pensait pas qu'il y en eût plus de trois qui fussent vierges. C'était un pourcentage honorable. Il entendait qu'elles le restassent jusqu'au bout, et soumettait les deux autres à la même surveillance qu'Irène. Les neuf autres, célibataires, divorcées ou veuves, ne lui donnaient que le souci de leur santé. Chaque année, la médecine découvrait un nouveau remède exterminateur des microbes vénériens. Au bout de quelques mois, les microbes buvaient la nouvelle drogue comme du lait, et s'en engraissaient. Il fallait sans cesse trouver autre chose. M. Gé s'arrangea pour obtenir du Parlement français le vote de l'inoculation obligatoire de chaque nouveau remède à toute la population adulte. Ce lui fut un grand soulagement.

Il avait décidé de ne peupler l'Arche que de Français. Il estimait que la race française était un bon mélange, avec du sang venu du Nord, du Midi et des Orients proches et lointains. Aucun caractère physique particulier, ni défauts ni qualités agressifs, une bonne moyenne.

L'Arche était presque terminée quand la fusée anglaise à molémoteur partit de Moontown vers la Lune.

VIII

La fusée anglaise fut dirigée de telle sorte qu'au
lieu de s'écraser sur la Lune, elle se mit à tourner
autour. Prise à la fin de son parcours entre l'attraction sélénienne et la force répulsive de ses
moteurs, elle devint satellite du satellite de la
Terre. Elle avait du carburant pour une bonne
année. Après, on ne savait pas très bien ce qu'elle
deviendrait, si elle continuerait sa ronde pendant
des lustres et des siècles, jusqu'à ce que, débou-
lonnée, usée par son propre contact, elle se répan-
dît en fragmenticules astéroïdiens. Ou si elle tomberait à son tour dans quelque cratère.

En attendant, elle allait servir à explorer la surface lunaire. À peine son premier circuit entamé,
des trappes s'ouvrirent dans son ventre, et des
treuils déroulèrent des filins qui portaient suspendus à leur extrémité des caméras émettrices de
télécinéma, des microphones, des spectrographes,
des baromètres, des thermomètres, des analyseurs
de poussières, des pièges à ondes et à molécules,
des avaleurs de vent, et une grande quantité de

toutes sortes d'appareils qui se mirent à envoyer aux laboratoires terrestres de trépidants renseignements.

La fusée poursuivit ainsi sa course, traînant au-dessous d'elle ces fils de la vierge et leurs araignes. Le comité de savants et de techniciens qui, de Moontown, avait procédé à son envoi continuait de guider son vol par télécommande. Jour après jour, il la fit se promener autour de la Lune, en méridiens, en parallèles, en oblique, en spirale. Des savants spécialistes scrutaient les écrans. Des appareils enregistraient les images pour les transformer directement en cartes d'état-major.

La première chose qu'on apprit, ce fut que la Lune était ronde. La grande foule des ignorants n'en avait jamais douté, mais pour les savants, c'était la fin d'une longue querelle. La Lune, en effet, montre toujours aux hommes sa même moitié, et depuis la plus haute antiquité, les astronomes avaient émis les hypothèses les plus diverses et les plus scientifiques quant à la forme de sa deuxième face. Les uns la prétendaient pointue ou conique, d'autres concave, certains plate ou en forme du petit bout de l'œuf. Les images envoyées par les télécaméras permirent de constater que la deuxième moitié de la Lune était en tous points semblable à sa première.

Quelle était la nature exacte du sol lunaire ? Les savants de Moontown et leurs confrères de Russie, d'Amérique, de Chine, d'Europe, qui scrutaient les images des écrans et les graphiques des instruments récepteurs, n'en savaient guère plus long sur ce point que leurs ancêtres à télescopes. Les télécaméras envoyaient l'image de roches roussâtres et d'une terre un peu plus claire, qui semblait poussiéreuse. Le tout figé, animé seulement de frémissements d'ombres, de reflets furtifs, d'étincellements sur des surfaces polies.

Le poste émetteur de télécinéma de Moontown et celui d'Hollywood projetaient pour la Terre entière les images de la Lune. Chaque récepteur individuel pouvait les capter, et dans les salles spécialisées, des foules venaient assister à leur déroulement.

En vain, les yeux cherchaient-ils à déceler, dans ce défilé rapide, des traces de vie. Nulle forme animale ou végétale ne venait rompre la grandeur et l'horreur de ces entassements minéraux.

Mais ce que les yeux n'auraient su apercevoir, certaines imaginations l'inventaient. En vérité, bien peu d'hommes savent voir simplement ce qui passe devant eux sans y superposer ce qui se passe dans leur tête. Des adolescents tardifs apercevaient dans les vallées de la Lune des bacchantes quadragénaires, grasses et nues, soutenant de leurs mains leurs seins lourds, agitant des croupes roses. Des vieilles filles criaient et montraient du doigt des tarzans impudiques prêts à l'agression. Les jeunes vierges voyaient rôder dans l'ombre des rochers des loups aux dents aiguës. Les esprits les plus raisonnables affirmaient avoir reconnu un éléphant, une maison, un carré de laitues, un escargot, une flaque d'eau, un chat, un vol de sauterelles, une courge. Des monstres innombrables surgissaient des cerveaux : tarasques, mandragores, plésiosaures, licornes, centaures, pégases, dragons, hydres, griffons, cornus, volants, rampants, sans tête, bicéphales, cuirassés, hérissés, vermiformes, pansus, anguleux, sphériques, épandus, tendant vingt bras, courant sur cent pieds, roulant, sautant les monts, forant le sol, mangeant les rocs, crachant le feu, clignant de l'œil, tirant la langue, grimaçant, souriant, allaitant, urinant, coïtant, reposant, digérant, accouchant...

À chaque nouvelle découverte, des savants de toutes catégories se jetaient au visage des masses d'arguments pour ou contre. Les économistes évaluaient les possibilités de consommation des dragons à douze têtes.

L'examen objectif des clichés ne montrait dans tout cela que poussière et enfantement de l'esprit.

Dès qu'ils sortaient, les hommes, poursuivant leur quête, levaient les yeux au ciel pour y chercher la Lune. Ils cessaient de marcher en regardant leurs pieds, ils cessaient de penser à la poussière et à la boue, aux trous de leurs chaussettes, à leurs varices, à leur fatigue. Ils levaient la tête, ils voyaient le ciel, le bleu ou le gris du ciel, le peuple des étoiles que certains n'avaient jamais pensé à regarder. Ils oubliaient leurs soucis, ils levaient la tête et, sans le vouloir, redressaient leur colonne vertébrale, effaçaient leurs épaules, gonflaient leur poitrine. Leurs poumons se développaient, leur estomac s'allégeait, leur cœur battait à l'aise. Quand ils se regardaient ensuite les uns les autres, c'était avec des yeux tout nettoyés par l'espace.

IX

M. Collignot et Irène sont à leur bureau. Mme Collignot est partie faire son marché. C'est jeudi matin. Aline, en robe de chambre, va et vient dans l'appartement. Elle a tiré d'une malle une vieille poupée, l'a habillée avec des pantalons et lui a peint une paire de moustaches vertes, puis l'a jetée sur la table. Elle bâille. Elle va fouiller dans l'armoire de sa mère. Elle y prend un chapeau à plume, un collier de perles fausses, des gants noirs, un col de renard qu'elle se boucle autour de la taille. Elle se regarde dans la glace. Le chapeau lui cache un œil, la plume rousse lui balaye l'épaule, les perles brillent sur la peau mate de son cou, la queue du renard lui descend le long de la cuisse jusqu'au mollet. Elle se campe les poings sur les hanches. Les gants font des plis sur ses avant-bras maigres. Elle les retire et les jette à la figure de son reflet, puis lui tire la langue. Elle remet tout en place, claque la porte de l'armoire, court jusqu'à la chambre, fouille sous son matelas et en tire un livre sale, aux feuilles écornées. C'est un roman d'amour. Elle s'étend sur son lit et se met à lire. Elle en est aux dernières pages. Gontran de Saint-André va épouser la jeune fille belle mais pauvre. Ils ont eu beaucoup d'ennuis mais tout finit bien. Un grand mariage en robe blanche avec une marche nuptiale et un suisse. On ne dit pas s'ils auront des enfants. Aline voudrait avoir trois enfants. Des garçons. Les filles sont trop bêtes. Elle se demande si on a plus de mal pour faire les garçons que les filles. Maintenant, on pique les accouchées pour leur épargner les douleurs. Elle, elle ne se laissera pas piquer. Elle veut sentir ses enfants. Elle voudrait les faire tous les trois à la fois, ce serait plus simple. Il suffit peut-être de faire l'amour trois fois de suite. Elle ne sait pas si on a un enfant chaque fois qu'on fait l'amour. Elle vient d'avoir quatorze ans, elle va au lycée, elle a des copines très bavardes sur ce sujet, mais les détails qu'elles donnent se contredisent. Elle sait des choses très précises, et malgré tout, elle a l'impression qu'elle ne sait rien.

Pourtant, les filles qui se marient doivent être renseignées, avant. Qui les renseigne ? Leurs parents ou leur fiancé ? Elle se mariera jeune. Elle n'épousera qu'un homme très beau. Et riche. Ils iront en voyage de noces. Ils auront une grande automobile rouge et noir. Elle conduira. Ils s'arrêteront au bord du lac, elle jettera des cailloux dans l'eau, ils monteront dans la gondole, elle s'assiéra sur des coussins de soie. Ils auront une grande maison avec des domestiques, et son mari lui baisera la main...

On sonne. Cinq ou six coups de suite, rapides. C'est Paul Jobet, le fils des concierges. Il a six mois de plus qu'elle, les cheveux noirs raides, coupés court, les yeux brillants.

— Alors, grande cruche, t'es sourde ?

Elle tient la porte entrebâillée.

— Qu'est-ce que tu veux ? Tu pouvais pas me laisser dormir ?

— Tu roupillais encore ? Tu pourrais te peigner un peu, tu as l'air d'un buisson.

Il la pousse d'une bourrade, il entre. Elle trébuche, crie :

— Quel idiot ! Tu m'as fait mal !

— Tu parles !

Il rit. Ses dents ne sont pas très blanches, il oublie souvent de les laver, une ombre de moustache lui salit la lèvre, un bouton fleurit sa narine gauche.

Il prend par la main Aline qui se frotte l'épaule comme si elle avait mal. Il l'entraîne vers le salon. Il dit :

— On va voir la Lune...

— La Lune ? Tu as qu'à te regarder !

Puis elle ricane :

— Tu as encore cassé ton poste !

— Cassé ! Tu parles ! Je suis en train de l'arranger. J'y installe un nouvel écran et un enregistreur ! Tu verras ça quand ça sera fini !

— On est pas près de le voir ! dit Aline.

Elle a sans doute raison, mais Paul est persuadé du contraire. L'essor de la science nouvelle lui fait bouillonner l'esprit, comme à beaucoup de garçons de son âge. Il a soudain négligé le français et le latin, où il brillait, pour ne s'intéresser plus qu'au monde de la science fabuleuse. Au laboratoire du lycée, ou chez lui, il bricole, monte des appareils, cherche, invente, rate, se brûle les mains et les cils, et bondit de joie quand il parvient à faire grogner un haut-parleur ou à tirer une étincelle d'un fil de cuivre.

— Allez, fais pas la gourde, assieds-toi, dit-il.

Aline, calmée, s'assied à même le tapis, ramène les pans de sa robe de chambre sur ses jambes croisées. Paul règle le poste et vient s'asseoir près d'elle. Sur l'écran passent les paysages fantastiques.

— Ah! je voudrais y être! dit Paul.

— Tu es maboul! dit Aline.

Elle frissonne un peu. Ils sont assis l'un près de l'autre, ils ne disent plus rien, ils ne pensent plus l'un à l'autre, ils regardent, ils sont bien.

— Oh! crie Aline, tu as vu?

Il crie aussi :

— Oui! oui! J'ai vu! j'ai vu!

Ils se sont levés tous les deux. Aline, les yeux écarquillés, tend un bras raide, un doigt crispé vers une image déjà disparue. Paul, les deux mains sur la tête, se tire les cheveux, danse sur place, la bouche ouverte. Son cœur commence à se calmer. Il ne peut pas le croire... Il a vu...

Ils ont vu, et tous les yeux du monde fixés sur les écrans ont vu en même temps qu'eux. Une même clameur a bouleversé les salles. Cette fois-ci, ce n'est pas une illusion. En une fraction de seconde, il a traversé les écrans. C'est un chiffon, une robe, un veston, une couverture, une bâche, un rideau, n'importe quoi, mais sûrement un morceau d'étoffe, un objet fabriqué, enfin pour la première fois autre chose que de la poussière et des cailloux.

Le général Hampton, chef du laboratoire américain de recherches, s'est fait donner les clichés pris par les appareils enregistreurs. Il examine le meilleur, en projection fixe, sur un grand écran. Il n'y a pas de doute, le cœur d'un général ne peut pas s'y tromper : c'est un drapeau ! Il est à la limite de l'ombre d'une colline, vaguement éclairé par le reflet d'une plaine ensoleillée, posé sur le sol, replié sur lui-même, en tas. On distingue mal ses couleurs et point son dessin. On devine du rouge et quelque chose de plus sombre. Mais aucun doute n'est possible. C'est un drapeau.

Les examens auxquels se livrèrent d'autres savants dans les autres laboratoires confirmèrent les conclusions du général Hampton. C'était un drapeau. La presse mondiale, aussitôt, délira. Un drapeau, c'était la marque suprême de civilisation, un drapeau c'est une armée, une nation, un peuple organisé : des hommes ! Il y avait des hommes sur la Lune ! Nos cousins ! nos frères jumeaux comme nous fils de Dieu, nés du même souffle divin sur la même poignée de boue ! des hommes qui s'étaient sans doute, depuis des millions d'années, enfoncés à l'intérieur de leur planète refroidie, qui vivaient là d'une vie souterraine aussi civilisée que la nôtre et qui, alertés par la chute des fusées, avaient réussi à projeter ce drapeau à la surface pour révéler leur présence, pour nous faire signe...

Signe d'amitié, de fraternité ?

Signe d'hostilité, de défense ?

Les journaux défendirent avec fureur les deux hypothèses.

La paix ! la guerre !

La grande paix des astres, l'harmonie universelle, le chant des sphères célestes.

La guerre ! La lutte éternelle et sauvage. La Lune se battant pour son espace vital. Les fusées atomiques rayant l'éther et ébréchant les globes...

La paix ! Les nefs lunaires transportant jusqu'à la Terre des délégations de Séléniens chargés de présents et de rameaux d'olivier. Les traités de commerce...

À l'abri des hystéries collectives, dans le bourdonnement des laboratoires, les savants continuaient d'examiner les clichés. Hectomètre par hectomètre ils scrutaient de nouveau le sol lunaire et n'y découvraient aucun autre signe de vie. Les savants de Moontown essayaient de ramener la fusée sur le point où avait été décelé le drapeau, mais le manquaient toujours de quelques kilomètres. Cependant, un mathématicien célèbre, le professeur Tarcoloni, de Milan, penché nuit et jour sur l'image du drapeau, cherchait à en percer le mystère. Aidé par cette intuition qui permet aux mathématiciens de trouver une solution à n'importe quel problème, il parvint à résoudre l'énigme. Il expliqua lui-même au télécinéma. Son rapport, traduit en toutes langues, était d'une logique mathématique. Il s'accompagnait d'un film dessiné dans lequel on voyait le drapeau, pris dans sa position initiale, se déplier et s'étaler sur le sol en pleine lumière, au fur et à mesure que le savant donnait ses explications. L'effet produit fut plus considérable que l'explosion d'une bombe atomique sur New York. Car l'emblème ainsi révélé était un emblème rouge, blanc, noir, à croix gammée, un drapeau hitlérien !

C'était bien la dernière chose à laquelle le monde se fût attendu. Mais en Allemagne, les langues se délièrent. Tandis que les jeunes gens, le menton dressé, recommençaient à défiler au pas de parade en chantant le *Horst Wessel Lied*, des témoins surgirent pour raconter ce qu'ils savaient, ce qu'ils avaient tu si longtemps. Ils rappelèrent qu'on n'avait jamais retrouvé le corps d'Hitler, pas même ses cendres. Qu'on avait parlé, lors de la chute de Berlin, d'un mystérieux avion qui aurait arraché le Führer aux ruines de sa capitale, d'un sous-marin fantôme sur lequel il se serait embarqué et qui ne débarqua nulle part. En vérité, cet avion et ce sous-marin ne faisaient qu'un. Il s'agissait d'un véhicule astronautique, dernier mot de la science allemande, fabriqué dans une usine souterraine communiquant avec la Chancellerie, et sur lequel Hitler avait pris place avec ses meilleurs savants. Il avait gagné une base de départ loin de l'Europe et, de là, s'était envolé vers la Lune. Non, Hitler n'était pas mort ! Hitler, toujours jeune, toujours chef bien-aimé de son peuple, veillait sur lui du haut des cieux. Bientôt, il reviendrait, il descendrait sur les ailes de la foudre, et guiderait l'Allemagne vers la revanche, vers la conquête de l'Univers.

En attendant, et pour commencer, la presse et la radio allemandes se mirent à rappeler les droits imprescriptibles du Reich sur l'Autriche, la Bohême, l'Ukraine, la Pologne, le Danemark, la Flandre, l'Alsace, la Bretagne, Marseille, Bordeaux, Constantinople, Dakar et Narvik.

Après des délibérations orageuses, les Nations membres de l'O.N.U. décidèrent de mobiliser immédiatement les observatoires astronomiques, de créer sur tous les territoires immergés des postes de veille chargés de déceler les obus, fusées, soucoupes volantes ou autres engins pouvant provenir de la Lune, de faire patrouiller les océans, les mers et les lacs.

Devant la gravité de la situation, le directeur du Laboratoire Astronautique de Moontown se décida à parler.

X

M. Gé, à pas lents, grave, se promenait dans l'Arche. Le revêtement du sol était doux. M. Gé marchait sans bruit, silhouette pâle et mince, teintée de bleu et de rose d'aurore par la lumière venue des murs. C'était l'heure où, dans ce coin du monde, bien au-dessus de l'Arche, les hommes s'éveillaient au jour levant.

M. Gé s'arrêta. Il était seul. Un silence inimaginable l'enveloppait, tel qu'aucun désert mort depuis cent mille ans, aucune cime de mont vierge dressée dans les airs rares n'en connaît par les nuits les plus accablées. Ici, nul soupir de vent dormant, grain de sable glissant sur autre grain de sable, remous d'étoiles ou effort de nuage qui naît. M. Gé était debout au milieu de la pièce. Ses vêtements gris clair, ses cheveux blancs, la peau mate de son visage, prenaient la couleur de la lumière venue de toutes parts. Il était debout sans profil et sans ombre, seul. Il entendait à l'intérieur de lui-même des bruits semblables à ceux d'une usine lointaine.

Il se remit à marcher, visita toutes les pièces,

tous les étages, toutes les installations. Il regardait sans minutie, mais d'un œil qui voyait clair. Il savait ce qu'il avait voulu, et ce qu'il avait voulu était là. L'Arche était prête. Le pire pouvait maintenant advenir, et sans doute il ne tarderait point.

M. Gé entra dans l'ascenseur, appuya sur le bouton marqué « H ». Il ressentit dans les jarrets l'accélération très rapide de la cabine, puis, au bout d'une minute, l'arrêt. La porte de l'ascenseur glissa, une autre porte, massive, s'ouvrit. M. Gé entra dans un grand bureau. Les portes se refermèrent derrière lui. La pièce, déserte, était meublée en style Empire, riche et banal. Devant la baie vitrée, au soleil du matin, brillait le dôme du Sacré-Cœur.

XI

Sir Percival Perbrook, directeur du Laboratoire Astronautique de Moontown, avait convoqué les journalistes à une conférence de presse, dans son bureau du cent dix-septième étage de la ville d'acier. Les représentants des principaux journaux du monde, des agences de presse et de photo, des chaînes de télécinéma, au nombre d'une centaine, attendaient l'arrivée du savant dans un brouhaha qui ressemblait à un tumulte. Armés de micros, de stylos, de caméras, mâchant un crayon, bourrant une pipe, agenouillés pour préparer un angle de vue, perchés sur des échelles, escaladant la bibliothèque, rampant sous le bureau, renversés dans les fauteuils, familiers, bavards, ils plaisantaient, riaient, trébuchaient dans les câbles, fumaient, causaient dans toutes les langues.

Une porte s'ouvrit brusquement. Sir Percival entra, suivi de deux secrétaires. Il s'arrêta derrière son bureau, resta debout, et se mit aussitôt à parler, au milieu du silence qui s'était établi instantanément. Une douzaine de micros recevaient ses paroles, et le monde entier déjà les entendait.

Il dit :

« Devant l'émotion provoquée par la découverte, sur le sol sélénien, d'un prétendu drapeau hitlérien, j'ai le regret de déclarer que les conclusions de l'éminent savant italien M. Tarcoloni sont erronées. Le fragment d'étoffe repéré par un des appareils de la fusée est bien un drapeau, mais ce n'est pas l'emblème hitlérien, c'est l'Union Jack... »

En prononçant ce mot, Sir Percival se mit au garde-à-vous, et les accents du *God save the King*, diffusés par trois haut-parleurs, emplirent le bureau.

Les journalistes d'Angleterre et des Dominions, transfigurés par la surprise et la fierté, se levèrent et se figèrent, les bras le long du corps. Les autres s'interpellaient, juraient. L'œil glacial de Sir Percival les fit se taire et se lever, avec plus ou moins de bonne grâce. Ils attendaient avec une impatience rageuse la dernière mesure de l'hymne, serraient les dents sur leurs questions. Mais Sir Percival les devança. Il poursuivit :

« J'avais moi-même, de mon propre chef, placé le drapeau de l'Empire dans la fusée, avant son envol de Moontown. Aucun de mes supérieurs ni de mes collaborateurs n'était au courant. Disposé au-dessus de la première trappe, le drapeau est tombé sur le sol lunaire au moment où le premier mesureur de pression commençait à descendre au bout de son filin.

« Je dois ajouter que j'ai offert ce matin ma démission au Gouvernement de Sa Majesté. »

Sans dire un mot de plus, Sir Percival Perbrook sortit. Ses secrétaires se mirent à distribuer le texte ronéotypé de sa déclaration.

La confusion qui régna aussitôt dans la pièce fut l'image réduite de celle qui allait se manifester dans le Monde.

Le Foreign Office publia le jour même un communiqué. Il confirmait que la projection de l'Union Jack sur la Lune était due à l'initiative privée de Sir Percival Perbrook, et que le Ministre des Affaires Scientifiques avait accepté sa démission.

Mais la presse américaine titrait en énormes manchettes : «England Annexes Moon» et fulminait contre l'impérialisme insensé des hommes de la Cité. Elle rappelait que les Américains eux-mêmes avaient dû arracher leur liberté aux Anglais les armes à la main. Elle publiait les portraits des héros de la Guerre de l'Indépendance.

L'éditorial d'un journal suisse rappelait que l'Angleterre n'avait plus guère que des liens théoriques avec ses Dominions. Il ne fallait pas s'étonner de la voir chercher à affirmer sa souveraineté sur des territoires vierges qui s'avéreraient peut-être, un jour prochain, pleins de ressources.

«Quant à la réaction des États-Unis, sa violence ne surprendra que les naïfs. Plus que toute autre au monde, l'industrie américaine est épouvantablement menacée par la surproduction atomique. La Terre est maintenant pour elle un champ trop étroit. Au moment où s'offrent des territoires vierges, qui peuvent devenir terres de peuplement et de consommation aussi bien que de production, les États-Unis ne peuvent permettre à qui que ce soit de mettre la main dessus.

«Ne nous dissimulons pas que la situation est sérieuse. Le communiqué de Downing Street laisse à Sir Percival la responsabilité de son initiative, mais se garde bien de le désavouer. Cette prise de position, extrêmement adroite, laisse à Londres toutes les possibilités d'avance et de recul. Attendons et espérons. Personne n'a encore dit son dernier mot. Et nous aimerions bien savoir ce que pensent Moscou et Pékin.»

Le lendemain une note officielle faisait part aux chancelleries du point de vue de l'U.R.S.S. Il était simple : Sir Percival Perbrook était un imposteur aux ordres des trusts internationaux. Le drapeau n'était pas un drapeau anglais, mais celui des Républiques Soviétiques, en tissu d'amiante incombustible, qui avait été libéré par la fusée russe au moment de son explosion. On pouvait en avoir la preuve en examinant le cliché : on apercevait nettement, sur certains rochers autour du drapeau, des traces de fumée rouge. L'U.R.S.S., en envoyant sur la Lune l'emblème frappé de la faucille et du marteau, avait tenu à affirmer les droits, sur cette future conquête de l'humanité, de tous les travailleurs du monde.

XII

M. Collignot, debout au milieu de la pièce, répéta :

— Je ne peux pas quitter Paris...

Il y avait deux valises ouvertes sur la table, une troisième sur la machine à coudre, la quatrième sur les bras d'un fauteuil, cinq et six à même le sol, une malle devant la fenêtre, un grand panier d'osier à moitié sous la table, un ballot à quatre oreilles sur le poste de télé.

Mme Collignot, enveloppée d'une robe de chambre bleu ciel, allait des malles aux valises, y empilait le linge, les vêtements, les couverts, le fer à repasser, la cafetière, le service à découper en métal argenté et les souvenirs plus indispensables que le nécessaire : le premier ours en peluche d'Irène — il n'a plus qu'une jambe —, la grande photographie de son mari au régiment — il faut le chercher parmi deux cent vingt et un chasseurs alpins, il est au deuxième rang, on lui voit juste le nez entre une épaule et un béret —, deux dents de lait d'Aline dans une boîte, sur du coton.

M. Collignot évitait de tourner les yeux vers sa femme. Tête basse, il regardait le bout de ses chaussures bien cirées, un peu usées. Il savait que rien ne justifiait son obstination. Le grand bâtiment de l'Unesco n'était plus qu'une carcasse vide, bureaux déserts, tiroirs ouverts, dossiers éparpillés, feuille-ci, feuille-là, sur les chaises, sur les parquets, que la poussière, déjà, voilait.

Les membres du personnel, venus de partout, y étaient retournés. D'abord les plus éminents, ceux qui presque toujours se trouvaient en voyage. Ils s'étaient contentés de ne pas revenir. Puis jusqu'aux garçons de bureau. Il n'y aurait même pas un caissier, à la fin du mois, pour verser à M. Collignot ses appointements.

— Je ne peux pas m'en aller... dit M. Collignot.

Pendant la moitié de sa vie, le profit de son travail avait été si maigre qu'il avait dû y justifier son attachement par un sens du devoir d'autant plus impérieux. L'importance de ses nouveaux appointements, depuis qu'il était entré dans la grande organisation internationale, avait décuplé la solidité de ces chaînes de conscience. Tout le monde était parti, bien sûr... Ce n'était pas une raison pour que lui se conduisît de la même façon. Un de ses supérieurs pouvait revenir, avoir besoin de lui, lui téléphoner...

Mme Collignot était en nage, écarlate, avec un masque livide autour de la bouche. De temps en temps, un de ses peignes tombait, une mèche de cheveux jaune et gris lui coulait sur le visage. Elle ramassait son peigne, replantait sa mèche sur sa tête. Et parce qu'elle était restée quelques secondes sans s'affairer, elle se laissait envahir par les pensées, elle se mettait à pleurer, reniflait, s'essuyait les yeux à n'importe quel bout de chiffon, elle avait déjà égaré trois mouchoirs, sans doute emballés au milieu du linge sec, tout trempés.

Paris s'était vidé comme en 1940. Et non seulement Paris, mais toutes les villes du monde. Chacun savait que l'explosion d'une des nouvelles bombes ne laisserait pas un être vivant sur trente kilomètres de rayon, pas une maison debout, pas un caillou entier, chair et terre confondues dans la même lave, sous le tourbillon de l'air enragé. À Hiroshima, sur l'emplacement de la ville rasée, les coffres-forts étaient restés debout. Cette fois-ci, les coffres les mieux garnis n'y résisteraient pas. Ils couleraient comme eau bouillante sur la terre fondue, tandis que l'homme, retourné en poussière, mais ardente, monterait brûler le ciel.

Et même les petites nations fabriquaient la nouvelle bombe. C'était jeu d'enfant. La course à l'uranium n'avait pas duré, pas plus que la nécessité des usines de cent mille hommes pour une demi-livre de matière fissile. Avec la nouvelle méthode, découverte à peu près en même temps par les principaux physiciens du monde, n'importe quoi devenait désintégrable. Les Brésiliens bourraient leurs bombes avec trois grains de café, les Français avec une page du *Journal officiel*, les Américains avec un dollar.

— Reste si tu veux ! dit Mme Collignot, trouvant dans son désespoir la force d'une colère, moi

72

je vais mettre les enfants à l'abri. Dès qu'Irène sera rentrée, nous partirons...

Les gouvernements avaient organisé l'évacuation des villes. En général, une voie ferrée relie une ville à une autre, la ville A à la ville B, comme il est dit dans les problèmes d'algèbre. Mais personne ne voulait aller de A jusqu'en B, ou de B jusqu'en A. Les convois partis des centres urbains s'arrêtaient partout, sauf dans les gares, et se vidaient par petits paquets en rase campagne. Les premiers jours, les voyageurs ainsi déposés commencèrent par s'asseoir sur le ballast pour manger leurs provisions, tandis que des dames de la Croix-Rouge leur offraient des verres de limonade rose. Puis, bien restaurés, après un renvoi, ils se levaient, empoignaient leurs valises, et s'en allaient droit devant eux, ayant presque envie de chanter à la vue de l'herbe, des vaches, et des grandes étendues sans objectif valable même pour une bombe de deux sous.

Au bout d'une semaine, il n'y eut plus, le long des voies ferrées, ni herbe, ni vaches, ni dames de la Croix-Rouge. Celles-ci avaient épuisé tout leur stock d'eau sucrée, et leurs sourires et leurs paroles d'encouragement leur avaient valu à plusieurs reprises d'être battues ou même mordues. Les prés, les champs, les haies, les ruisseaux, les chemins, avaient été nivelés, les fermes et les villages rasés, par des millions de paires de pieds transportant chacune un appétit. Des vaches, il ne restait que les os qui passaient de main en main et diminuaient peu à peu de volume. Sur les routes roulaient les automobiles à molémoteurs, les camions, les autobus. Et les bennes à ordures, pompes à incendie et corbillards, véhicules traditionnels des exodes. L'air, enfin, transportait aussi son bon contingent de personnes déplacées. Le peuple des villes fuyait devant la menace de la guerre, et le peuple des campagnes fuyait devant la ruée des mâchoires urbaines.

Mme Collignot voulait partir, emmener ses filles chez son cousin qui tenait une ferme près de Felleries, dans le Nord. Elle partirait avec les Jobet — les concierges — qui allaient du même côté, sur le dernier camion de Caillou l'épicier, un vieux camion pétaradant, à essence. Peut-être parviendraient-ils à destination, car, par suite d'une tradition séculaire mais que rien ne justifiait plus, l'exode en France se produisait de nouveau du nord au sud. Toute la population, une fois de plus, se portait vers le bas de la carte. Les paysans de la betterave n'avaient guère reçu que leur famille, quelques amis et cinq ou six voiturées de hasard par ferme, venues des agglomérations les plus proches. La vieille terreur qui souffle de l'Est sur le bout de l'Europe avait pour une fois protégé ces campagnes toujours bouleversées.

On ne savait pas, cette fois-ci, d'où viendrait la guerre, où elle commencerait, ni même qui la ferait. La seule chose dont on était sûr, c'était que tout le monde risquait d'en prendre un grand coup, et les plus innocents en particulier.

Les U.S.A. avaient répliqué à la Déclaration de Moontown et à la mise au point soviétique par un discours du Président devant le Congrès. Le Président avait dit à la face du monde que les États-Unis ne sauraient reconnaître force de loi à l'usage périmé qui consistait à prendre possession d'un territoire au nom d'une nation, en «plantant dans un tas de poussière quelques pieds carrés d'étoffe coloriée». Puis, il avait annoncé la fabrication d'une nouvelle fusée qui, elle, emporterait une mission d'explorateurs, sous la direction d'un général...

L'Angleterre se contenta de révéler, par la voix de ses plus importants quotidiens, qu'elle possédait soixante-douze rampes d'envol de bombes T radioguidées. Ces rampes étaient sous-marines et ne craignaient rien des bombes ennemies. Leurs projectiles, après avoir traversé quelques centaines de mètres d'eau salée, et jailli jusqu'à la stratosphère, étaient capables d'aller toucher avec précision des objectifs situés aux antipodes.

Mais tout le monde savait que les États-Unis en possédaient au moins dix fois autant, que la Suisse en avait truffé ses montagnes, que la France avait aménagé tous les anciens cratères auvergnats, que les îles de l'archipel grec n'étaient plus que des croûtes sur des arsenaux, que les forêts d'Afrique et d'Amérique du Sud dissimulaient des bouches à feu sous leurs baobabs... Et si l'on ne connaissait rien des armements de la Russie et de la Chine, on imaginait le pire.

Après quelques semaines marquées par de violentes déclarations d'attachement à la Paix, mais à l'Honneur, les susceptibilités nationales étaient parvenues à leur point de sensibilité extrême. Le

Président de l'O.N.U., voulant faire une dernière tentative, se trouva obligé de fixer le lieu de réunion de l'Assemblée à bord d'un transport autogyre de grande croisière, stationné à douze mille mètres au-dessus du point précis du Pôle Nord, en dehors de toutes atmosphères territoriales.

Les délégués étaient arrivés sur de petits avions ou avec leurs molémoteurs personnels. Celui du Canada en avait profité pour chasser l'ours, au passage, en rase-glaçons.

Le Président avait dressé un horrible tableau de la guerre menaçante et supplié les Nations d'épargner à l'humanité cette honte et ce carnage. Les délégués, debout, l'avaient acclamé. Ceux de l'Angleterre, de la Russie, et des États-Unis, souriants, s'étaient longuement serré la main. Dès que l'image de ces poignées de main parvint aux écrans de télévision, les populations, terrifiées, commencèrent à quitter les villes. Les Trois signèrent sur-le-champ un nouveau traité d'amitié. Le lendemain, la République de Liberia déclarait la guerre à l'Albanie.

Par suite du jeu des pactes, alliances et garanties enchevêtrés, chaque nation se trouva, du même coup, contrainte de se déclarer au moins deux fois la guerre à elle-même. Sûrement, il faudrait quelques semaines avant que la situation se clarifiât et que les hostilités pussent se déclencher. Les quelques Petits qui possédaient encore par miracle un brin d'indépendance hésitaient avant de l'aliéner en faveur de l'un des Grands. Ils ne possédaient pas assez d'éléments d'appréciation pour deviner à coup sûr quel serait, parmi les forts, le plus fort.

— Tout le monde sait qu'il n'y a plus personne dans les villes, maintenant, disait M. Collignot. Pourquoi veux-tu qu'ils gaspillent leurs bombes à éparpiller des maisons vides ?

Mais, Mme Collignot n'était pas convaincue. Elle savait qu'il s'agissait au contraire, et bien justement, de gaspiller... Les malles étaient prêtes, les valises fermées. La plus grande, qui n'avait plus de serrure, elle l'avait ficelée avec la corde à linge. Elle s'assit sur le panier d'osier, elle n'en pouvait plus, ses mains tremblaient de fatigue et d'angoisse. M. Jobet était déjà monté deux fois en disant : « Allez ! allez ! on part !... » Mais Irène n'était toujours pas rentrée. Elle avait reçu pendant le déjeuner un coup de téléphone la convoquant au Ministère, à son bureau, où elle n'allait plus depuis deux semaines, les principaux services ayant émigré vers un village du Cher, les autres ayant été mis en congé « jusqu'à nouvel avis ». On lui demandait seulement de passer prendre des instructions. Elle s'était étonnée, mais elle avait bien reconnu la voix de son chef de bureau. M. Collignot avait dit à sa femme : « Tu vois, tout va s'arranger, les ministères reviennent. » Rien ne pouvait arranger la peur de Mme Collignot. Elle avait mis au monde deux enfants, elle avait eu la peine de les faire et de les élever, elle eût bien accepté d'être elle-même réduite en neutrons pour qu'ils fussent épargnés, mais elle savait qu'on n'offre jamais aux mères ce genre de marché. Le même sort les guettait toutes les trois. Cette chair issue de sa chair faisait encore partie d'elle-même, elle ne s'en sentait pas détachée, ses deux filles et elle n'étaient qu'un même corps, son propre bon gros corps maladroit, éreinté, suant, qui tremblait.

Irène était partie à pied, tous les moyens de transport en commun ayant disparu. Ce n'était pas très loin, elle avait promis de téléphoner en arrivant, elle n'avait pas téléphoné, elle n'était pas revenue. M. Collignot avait essayé de téléphoner au Ministère, qui ne répondait pas. De toute évidence, il n'y avait personne au standard.

Aline descendait voir le camion qui attendait au bord du trottoir, remontait, redescendait, remontait. Elle n'avait pas peur, elle ne pensait qu'à l'aventure. Tant d'imprévu, depuis si peu de temps, passionnait enfin sa vie. Plus de lycée, plus aucune règle, manger n'importe quoi à n'importe quelle heure, regarder avec étonnement le désarroi des grandes personnes qui d'habitude ont réponse à tout, imaginer le feu furieux des bombes, l'écroulement des villes, les nuits enflammées, les tourbillons incandescents des nuages, toutes les morts spectaculaires auxquelles toujours on échappe, et le départ en camion, les repas dans l'herbe, les fleurs cueillies, les petits lapins qui courent et, à la ferme, dormir dans la paille et peut-être, peut-être, monter sur un cheval...

M. Jobet envoya Paul dire que si tout le monde ne descendait pas dans cinq minutes, il regrettait beaucoup, mais il partait. Mme Collignot, affolée, descendit le supplier de patienter encore un peu.

M. Collignot allait courir jusqu'au Ministère, chercher Irène. M. Collignot courut jusqu'au coin de la rue, puis continua en marchant. Il avait peine à retrouver son souffle. Ce n'était plus de son âge. Aline dansait autour du camion. Paul avait soulevé le capot et regardait le vieux moteur à combustion.

M. Collignot revint trois quarts d'heure plus tard, seul : le Ministère était vide, portes ouvertes, absolument désert...

M. Jobet dit : « Écoutez, moi je peux pas... Je vous aime bien, mais... vous comprenez, j'ai aussi les miens... Allez, en route !...» Et il se mit au volant. Mme Collignot cria : «Emmenez Aline ! emmenez Aline !» Aline embrassa sa mère qui ne voulait plus la lâcher, embrassa son père qui ne savait plus où était la sagesse et la folie, monta comme un éclair chercher une valise, n'importe laquelle, embrassa de nouveau son père, puis sa mère, le moteur ronflait, M. Jobet criait, Mme Jobet faisait au revoir par la portière de la cabine, un nuage de fumée bleue envahissait la rue, Paul, juché sur les colis, tendait la main vers Aline, M. Collignot toussait, Aline trépidait comme le moteur, avait déjà oublié ses parents, sa maison, Paris, tout l'immobile, tout ce qui restait.

Enfin, elle fut sur le camion, fit des gestes du bras comme une déesse sur son char, dans le nuage bleu de l'essence. Le camion démarra à grand bruit d'explosion et de ferraille, et Aline s'aperçut que ses parents s'éloignaient, rapetissaient, qu'ils n'étaient presque plus rien du tout, là-bas, au bout du trottoir. Alors, elle se dressa entre les malles et se mit à crier et à sangloter. Paul lui mit un bras autour des épaules et l'embrassa pour lui cacher le tournant.

Mme Collignot s'appuya au mur de l'immeuble. Irène avait disparu dans une ville vide, où ne demeuraient que les sacrifiés prêts à tout, et des malfaiteurs. Aline était partie pour un voyage dont on ne pouvait imaginer le retour. Mme Collignot restait seule, là, près de la porte de la maison, seule avec son mari frêle et consciencieux, en bas sur le trottoir près de la porte, comme si elle était descendue pour attendre quelqu'un. Et c'étaient ses deux filles qui étaient parties, et peut-être elle serait bientôt morte et ne les reverrait jamais plus. Elle sentit se fendre en deux son ventre, son cœur et sa tête. Elle glissa le long du mur, évanouie, elle fit sur le trottoir un gros tas, ridicule. M. Collignot n'était pas du tout capable de la relever.

XIII

Irène se trouvait, pour le moment, nue, dans une salle de bains. Elle sortait d'une ravissante petite piscine emplie d'eau bleue. Elle ne se rappelait pas du tout comment elle y était entrée. Les dalles du sol étaient tièdes sous ses pieds, l'air était tiède autour d'elle. Elle fit quelques pas vers un mur, et posa sa main ouverte sur un des grands carreaux de faïence qui le revêtaient jusqu'à mi-hauteur du plafond. Sa main lui apparut comme une ombre délicate, noir et rose, sur un fond lumineux. Elle regarda autour d'elle. Elle était étonnée, mais sans inquiétude. Elle vit une grande glace devant laquelle était posée une minuscule table ancienne, haute, légère, sur des pieds délicats et torturés, attendrissante de ridicule dans ce décor. La table portait un énorme flacon d'**eau de** Cologne et un gant de crin. À côté, sur un tabouret rond, un peignoir en tissu éponge, de couleur saumon. Irène s'enveloppa, sécha les gouttes qui perlaient sur sa peau, rejeta l'étoffe humide et se mit à se frictionner

M. Gé la regardait dans un écran, gracieuse et belle, se pencher pour frotter ses chevilles, se redresser, tordre son bras rond pour atteindre ses reins, la poitrine cambrée, le ventre à peine bombé, les cuisses un peu ouvertes pour assurer un équilibre solide. M. Gé avait regardé ainsi, à leur arrivée, tous les pensionnaires de l'Arche. Ce n'était pas pour satisfaire une curiosité malsaine : il avait eu toutes les femmes qu'il avait voulues, les plus belles et les plus étranges. Il en avait d'ailleurs voulu assez peu, justement parce que nulle n'était en mesure de résister à son argent, et peut-être aussi parce qu'il mangeait sobrement et avait la tête fort occupée. Il eût pu éprouver encore passion et désir, ce sont mouvements de tous âges, mais ils ne se trouvaient guère dans son tempérament. Il voulait seulement s'assurer qu'il avait vraiment rassemblé des êtres dignes de continuer l'espèce humaine. Il était content, le choix était bon. Le comportement d'Irène, en particulier, lui donna satisfaction. Il aimait les gens qui ne s'étonnent pas outre mesure des événements imprévus. La plupart des autres femmes, à leur réveil dans l'eau tiède, s'étaient comportées comme chiots qu'on jette en Seine. Certaines, le premier émoi passé, avaient éprouvé le besoin, malgré leur solitude, de murmurer : « Où suis-je ? » Deux avaient crié, toutes, finalement, pleuré. Peut-être M. Gé ne s'était-il pas assez préoccupé de leurs facultés intellectuelles. Cela provenait du fait qu'il n'éprouvait aucune estime pour l'intelligence. Il n'avait guère rencontré, dans sa vie, que des imbéciles, qui avaient pourtant vécu et prospéré. Que leur imbécillité fût bien spécialisée, c'était l'essentiel. Lui-même ne se croyait pas plus intelligent que la moyenne.

Irène, nue, glissa la tête, prudemment, entre deux plis du rideau qui masquait la porte. À travers sa myopie, elle devina une grande pièce meublée d'un lit trouble, d'une armoire à glace brumeuse et de deux fauteuils estompés. Sur le lit, quelques taches d'aspect familier : ses vêtements, son sac. Elle entra dans la chambre, sentit sous ses pieds une moquette épaisse. Elle recula tout à coup en poussant un cri : au pied du lit était couché un animal de couleur fauve. Elle se tint immobile. Il ne bougea pas. Elle avança lentement vers lui, puis rassurée se mit à rire et lui marcha dessus. C'était un lion tissé dans un tapis, au pied d'un palmier.

Elle ouvrit son sac et, vêtue de ses lunettes, put apprécier le mobilier. Il était plutôt laid, de style grand magasin. Des rideaux opaques, couleur tabac, tombaient devant la fenêtre. Elle s'habilla, trouva des bas posés sur ses chaussures, au pied du lit, sur la queue du lion. Dans l'armoire, un joli choix de lingerie à sa taille, deux tailleurs, trois robes, deux pyjamas. Pas de manteau.

Elle s'habilla, puis s'assit sur le lit. Elle se demanda ce que devaient penser de son absence ses parents et sa sœur, qui l'attendaient pour partir. Mais elle-même, que pouvait-elle penser ? Depuis combien de temps était-elle en cet étrange lieu, et comment y était-elle venue ?

Elle cessa de se poser des questions vaines et

partit à la découverte. Son premier geste fut de tirer les rideaux de la fenêtre. Les vitres étaient ouvertes sur un charmant paysage : une branche de saule pleureur au premier plan, une montagne brumeuse à l'horizon, et entre les deux, une rivière serpentine, un étang, un village, des champs, un castel précédé d'une allée de tilleuls.

Elle s'étonna de se trouver si loin de Paris mais la paix qui baignait ce paysage lui fut douce. Elle se pencha pour respirer l'odeur de la campagne. Son front heurta une surface dure. Elle poussa un petit cri d'étonnement, promena ses mains devant elle : les vitres et tout le paysage étaient plats, lumineux, sur le mur.

À grands pas, elle s'en fut vers la porte. Elle s'attendait à la trouver verrouillée. La porte s'ouvrit sans difficultés. Irène se trouva dans un couloir pareil à celui d'un hôtel, éclairé, comme sa chambre et sa salle de bains, par l'étrange lumière des murs. Ceux-ci étaient percés de six portes, y compris celle qu'elle venait de franchir. La sienne portait le numéro 7. Elle hésita quelques secondes, puis s'en fut vers la porte voisine, qui portait le numéro 9. Elle frappa. Une voix de femme dit : «Entrez !»

Elle entra. Assise au fond d'un fauteuil, une jeune femme brune, belle comme une actrice de cinéma, la regardait venir d'un air terrifié.

XIV

Dix ans plus tôt, M. Gé avait fait concéder à l'une des sociétés qu'il contrôlait les travaux de construction du Tube Électrique. Lorsqu'il décida de faire l'Arche, il utilisa les chantiers en cours.

La première ligne du Tube, de Pontoise à Melun, était entrée en service environ deux ans avant la Déclaration de Moontown. Les Parisiens, réunissant les initiales du nouveau moyen de transport, ne disaient plus : « Je prends le métro », mais : « Je prends le té. » Des voitures en acier, en forme de cylindre pointu aux deux extrémités, se déplaçaient à cinq cents à l'heure dans un tube souterrain cerclé de distance en distance par d'énormes électroaimants. La force attractive ou répulsive de ces anneaux provoquait le démarrage, l'accélération, le freinage et l'arrêt des trains, sans bruit et sans secousse. D'étroites fenêtres étaient percées dans les parois des voitures. Devant ces fenêtres défilaient les affiches lumineuses peintes sur le mur du tube. Séparées les unes des autres par une surface d'un noir mat, ces affiches se composaient chacune d'un dessin fixe, mais leur succession rapide sur la rétine du voyageur transformait leur suite en une courte scène animée, selon les principes mêmes du vieux cinéma. La vitesse du véhicule obligeait d'ailleurs les dessinateurs à faire subir à leurs personnages des transformations en largeur et à n'utiliser que des couleurs brutales. Cette technique de l'affiche animée était encore maladroite et ses résultats imparfaits. Cela n'empêchait pas les grands distributeurs de publicité de se disputer les séries d'emplacements. Le Gouvernement lui-même ne dédaignait pas d'utiliser ce nouveau moyen d'attirer l'attention du public pour lui imposer un slogan animé, à la gloire du parti au pouvoir, ou lui rappeler de payer les nouveaux impôts.

La deuxième ligne, qui devait relier Meaux à Rambouillet, n'était pas achevée. Une armée d'ouvriers avait travaillé à la construction et à l'aménagement de la gare de correspondance, située au-dessous de la Butte Montmartre. Au-dessous de la gare, dans une sphère de plomb et de ciment, se trouvait la génératrice atomique qui fournissait l'énergie à toute l'installation.

C'était au-dessous de l'usine, dans une sphère semblable, à neuf cents mètres de profondeur, que M. Gé avait fait construire l'Arche.

La présence même de la grande ville, la main-d'œuvre considérable nécessitée par les chantiers du té, la diversité et la nouveauté des travaux entrepris et des matériaux employés lui avaient permis de mener à bien son entreprise sans éveiller l'attention. Les ouvriers spécialisés, venus des quatre coins du monde, qui avaient creusé, bâti, aménagé la gare et l'usine souterraines, ne s'étaient pas étonnés de descendre un peu plus bas pour construire les «bureaux et entrepôts» du Té. Du reste, quand une équipe avait terminé la tâche précise qui lui était fixée, elle se voyait proposer des contrats aux avantages exceptionnels, qui dispersaient ses membres des Pôles à l'Équateur.

Au moment où la peur commença de gagner Paris, M. Gé inspira quelques articles de journaux et de radio qui laissaient sous-entendre que la protection de l'usine souterraine n'était pas suffisante. Si une explosion atomique se produisait au-dessus de la capitale, l'usine risquait de sauter par effet de résonance, et de faire un trou à la place de la Butte. C'était faux, mais cela provoqua la fuite immédiate des ouvriers et des Parisiens qui projetaient de se mettre à l'abri dans les sous-sols du Té.

Ainsi, le moment était venu, l'Arche était prête, elle était pleine. La folie des hommes pouvait se donner libre exercice.

M. Gé savait que la guerre atomique ne tuerait pas tout le monde. Il resterait bien par-ci, par-là, quelques centaines d'hommes en Europe et en Amérique, et peut-être quelques milliers en Asie. Mais il craignait autre chose.

XV

M. Gé parla aux femmes de l'Arche le soir même de l'arrivée d'Irène. Elles étaient douze, réunies dans la grande salle du rez-de-chaussée qu'elles avaient découverte au cours de leurs investigations. La première arrivée n'était là que depuis le matin, Irène était la dernière, aucune ne se rappelait comment elle était venue en ces lieux.

Il leur avait suffi de se regarder les unes les autres pour comprendre que, quelles que fussent les intentions de celui qui les avait réunies, la raison commune de leur choix était leur beauté. Et cette raison même éclairait, croyaient-elles, lesdites intentions. Deux d'entre elles étaient très brunes. Les autres allaient du châtain foncé au blond le plus clair. Elles avaient toutes plus de vingt ans et moins de trente, elles étaient de taille assez grande, et de bon air de santé, toutes assez larges de hanches.

Elles avaient trouvé dans la salle du bas de quoi se distraire, jouer au bridge — mais le bridge sans homme offre peu d'intérêt —, au ping-pong, au billard russe, chinois et anglais, au puzzle, aux dominos, au loto, aux mots croisés ; de quoi coudre, tricoter, découper, repasser, peindre, lire, écrire, faire et écouter de la musique, de quoi denteler, broder à l'aiguille, au crochet et au canevas ; et même un stock de chaussettes d'hommes, neuves, dans lesquelles des trous avaient été pratiqués pour leur permettre, si l'envie leur en venait, de repriser.

Elles n'avaient rien fait de tout cela. Elles avaient pleuré, s'étaient exclamées, tordu les bras, évanouies, pour en arriver inévitablement au bavardage, qui est l'occupation première des femmes lorsqu'elles se trouvent réunies, à deux ou à cent. Présentations, confidences, regrets, hypothèses, elles avaient de quoi alimenter la conversation, et à force de parler de ce qui leur arrivait, elles commençaient à l'oublier.

— Mesdames... dit une voix d'homme.

Elles sursautèrent. Celles qui étaient assises se dressèrent, celles qui étaient debout se laissèrent tomber dans les fauteuils, la main sur le cœur. Toutes regardaient partout, cherchaient d'où venait la voix.

— Ne me cherchez pas, reprit celle-ci, je suis loin de vous, vous ne pouvez me voir pour l'instant, et si tout se passe comme je le crains, vous ne me verrez pas avant longtemps, et peut-être jamais. Je vous prie de m'écouter en silence, je ne me répéterai pas, et n'ai pas l'intention de répondre aux questions que vous pourriez poser, ce que j'ai à vous dire répondant à tout. Votre présence ici fait partie de l'exécution d'un projet préparé depuis longtemps et auquel, de toute façon, ni vous ni moi, ni Dieu sans doute, ne pouvons plus rien changer.

— C'est un fou, dit Irène.

— Je ne suis ni un fou ni un débauché, dit la voix. Écoutez-moi bien...

«La guerre déclarée depuis quelques semaines va se déchaîner d'un moment à l'autre. Elle risque de détruire sur la surface de la Terre toute vie animale et végétale. C'est pourquoi j'ai construit cette Arche...»

— Une Arche..., l'Arche... une Arche... Noé...

Une fille blonde comme le lin, peut-être avait-elle un marin des mers du Nord parmi ses ancêtres, écarta instinctivement les pieds, se tint semelles parallèles, poings aux hanches.

— Asseyez-vous, j'en ai pour un petit moment, dit la voix.

Elles obéirent. La voix venait de partout. Elle n'était pas plus forte qu'une voix normale en conversation et toutes l'entendaient comme si elle eût parlé près de chacune. C'était très gênant d'écouter sans voir ni lèvres ni haut-parleur, sans savoir d'où venaient les paroles. Même la radio sans écran, lorsqu'on veut lui prêter vraiment attention, on regarde le poste, ou tout au moins dans sa direction, et il semble qu'on entende mieux. Elles regardaient droit devant elles, un peu en l'air, ou bien elles se regardaient l'une l'autre, deux à deux, et prenaient un air attentif, les lèvres serrées, hochaient de temps en temps la tête, cela les aidait.

— J'ai réuni dans cette Arche douze femmes, vous, et douze hommes...

— Oh! Ah! Où?

Sursauts, sourires, soupirs. Et d'un seul coup, quel soulagement!

— J'y ai réuni aussi un certain nombre d'animaux. Je ne vous affirme pas que, dans ce domaine, mon choix soit parfait. Je n'ai pas cherché à y faire entrer le lion ou l'éléphant, et je ne suis pas sûr d'avoir évité la puce. J'ai fait de mon mieux pour sauver les principaux animaux utiles à l'homme. J'ai dû renoncer au chat car je ne voulais pas sauver le rat. Craignant, si le séjour dans l'Arche se prolonge, qu'il devînt trop difficile à nourrir et entretenir, j'ai également négligé le porc...

— Zut, et le lard! dit une jeune femme qui venait de Normandie.

— C'est peut-être aussi parce que j'éprouve une certaine répugnance pour le cochon, reprit la voix. Je veux dire en tant que viande. En tant qu'animal, je n'ai aucune prévention contre lui. À part ces deux bêtes, les étables et écuries de l'Arche renferment toutes celles que quelques-unes d'entre vous connaissent, et dont les autres ont au moins entendu parler. Je veux dire le cheval, la vache, la poule, le lapin, l'âne, le chien, l'escargot, l'abeille et le ver à soie. Et puisque j'avais décidé de peupler l'Arche de Français, je n'ai pas oublié la grenouille. J'y ai ajouté le moineau, l'hirondelle et quelques autres petits oiseaux des champs, pour vous aider à lutter contre les insectes, dans le cas ou ceux-ci survivraient à la guerre. Seul contre eux, l'homme n'aurait aucune chance. En ce qui concerne les poissons, je ne m'en suis pas occupé. Je crois qu'une partie d'entre eux s'en tirera.

«Pour les végétaux, je m'en suis tenu aux principaux arbres fruitiers et légumes d'Europe, à un certain nombre de graminées, au blé et aux céréales secondaires, et aux essences d'arbres susceptibles de reconstituer en quelques dizaines de générations les forêts indispensables à la bonne circulation de l'eau. J'y ai cependant ajouté pour vous, Mesdames, et pour vos filles, un grand assortiment de graines de fleurs, et deux cents variétés de plants de rosiers.

«Je n'ai pas la prétention d'avoir réuni là les éléments d'un monde nouveau parfait. J'ai songé à l'indispensable et peut-être ai-je commis de graves omissions ou embarqué des hôtes indésirables. Je ne m'en excuse pas. J'ai fait ma part, le reste du travail vous appartient. Les hommes qui vous sont destinés sont jeunes, beaux, solides, sains, comme vous l'êtes et si trois d'entre vous êtes encore vierges, rassurez-vous, aucun parmi eux ne l'est... Ils se composent de six cultivateurs dont l'un ou l'autre sait faire le pain, dépecer les bêtes et tanner les peaux, d'un maçon, un menuisier, un arracheur de dents et un musicien jouant parfaitement de dix-sept instruments dont l'harmonica. C'est à vous qu'incombera la charge de tailler les vêtements des hommes, et panser les accidentés. Je n'ai pas cru nécessaire d'embarquer un médecin. Vous n'aurez pas beaucoup le temps d'être malades. Au cours des générations qui vous succéderont, la médecine aurait dû d'ailleurs tout oublier et tout réapprendre, n'ayant plus aucune pharmacopée à sa disposition. La sage-femme qui est parmi vous pourra, dans l'immédiat, jouer au docteur, entre les accouchements.

« J'ai longtemps hésité avant de me décider à introduire ou non un prêtre dans l'Arche. Et d'abord, quelle religion choisir ? Je me suis mis à étudier les principales d'entre elles, avec le seul souci de trouver celle qui pouvait vous apporter le plus grand secours. Je ne me suis pas contenté d'ouvrir des livres. À l'occasion de mes voyages, je me suis mêlé aux fidèles de multiples églises. J'ai vu des saints, des bigots, des habitués, des profiteurs. Aux dogmes divers, j'ai trouvé des vices différents et une vertu commune. Mais cette vertu se trouve en germe dans le cœur de tout être humain. Il vous sera facile de retrouver Dieu, si vous en avez envie, et même d'inventer un culte adapté aux conditions nouvelles de votre existence. Je vous conseille d'éviter le fanatisme aussi longtemps qu'il vous sera possible.

« Dès maintenant, un certain nombre de portes de l'Arche qui vous étaient fermées vous sont ouvertes. Elles vous donneront accès aux magasins à provisions, à la cuisine, à la buanderie et à la basse-cour qui réclame vos soins. Vous trouverez, pour vous aider, des machines très perfectionnées, mais ne comptez pas sur le moindre domestique.

N'oubliez pas, en effet, que vous êtes désormais, en théorie, les seuls survivants du monde... Comme je l'ai déjà dit aux hommes, de votre travail, de votre sérieux ou de votre négligence dépendent non seulement votre vie mais l'avenir de l'humanité.

« Je sais que vous avez toutes laissé derrière vous une famille, que vous aimiez plus ou moins. Je vous en prie, ne pensez plus au passé mais à l'avenir. L'irrémédiable ne doit pas laisser de regrets... Je ne pouvais pas accueillir vos parents et vos amants. L'Arche est vaste, mais juste à votre suffisance. Vous allez avoir un combat à mener. Réservez-lui vos forces.

« Vous vous demandez sans doute où vous êtes, et comment vous y êtes venues. Où vous êtes, vous le verrez quand vous en sortirez. Un dernier souci de prudence m'interdit de vous le faire savoir pour le moment. Comment vous êtes venues ? Sans violence, chacune seule, par ses propres moyens, obéissant aux ordres qui ont été donnés à son subconscient. Disons, si vous voulez, en état d'hypnose, bien que ce ne soit pas tout à fait cela. C'est l'effet d'un appareil inventé par un de mes ingénieurs, il y a plusieurs années, et que je me suis gardé de faire connaître aux hommes qui n'avaient pas besoin de ça...

« Vos compagnons masculins de l'Arche, vous ne les connaîtrez qu'à la sortie. N'essayez pas de les rejoindre pour le moment, il vous est aussi impossible de les atteindre que s'ils se trouvaient aux antipodes. Je ne sais pas du tout combien durera votre séjour ici, et je veux éviter les drames que ne manquerait pas de susciter votre vie en vase clos. Je ne veux pas non plus de grossesses dans l'Arche. Elle n'est pas prévue pour ça. Vous êtes ici dans une parenthèse, vous reprendrez votre vie normale après... Enfin, normale, si l'on peut dire... Le mot «grossesse» me fait penser à une chose. J'ai stocké, entre autres marchandises, une tonne de laine layette rose, et autant de bleue. De quoi vous aider un peu, vous et vos arrière-petites-filles. Ce n'est pas si facile de filer la laine... Vous voudrez bien la garnir abondamment de la naphtaline que vous trouverez à côté. Je n'ai pas invité la mite, mais...

«Encore un mot : je ne suis ni un philanthrope ni un mystique. Seulement un homme qui avait les moyens de construire cette Arche et qui a cru bon de le faire. Il se peut que je partage votre aventure, il se peut que je sois mort avant. Dans ce cas, des appareils, qui commenceront à fonctionner automatiquement si je ne veille à leur silence, vous renseigneront sur ce qui se passe sur terre, et vous saurez, le moment venu, comment ouvrir les portes. Évitez, en attendant, de considérer cet asile comme une prison. C'est seulement un abri momentané.

«Si je survis, je ne me mêlerai aucunement de vos affaires. Pour l'instant vous êtes chez moi et je suis bien obligé de me conduire en hôte. Je veille sur certaines d'entre vous depuis des années, je vous ai toutes et tous amenés ici sans vous consulter. À cela se bornera mon intervention. Je n'emploierais l'appareil qui vous a fait venir en ce lieu que si cela était absolument indispensable pour faire régner l'harmonie nécessaire au maintien de votre bon état physique jusqu'à la fin de la guerre. À ce moment-là, je le détruirai. Si je meurs avant, il se détruira tout seul.

« Je le répète : j'avais les moyens de donner à l'humanité la chance de se survivre. J'ai mis ces moyens en œuvre. Saurez-vous profiter de cette chance et qu'en ferez-vous ? C'est votre affaire, ce n'est plus la mienne. Et je dois dire que cela m'est égal... »

XVI

— J'ai tout entendu, dit Lucien Hono.

Il était entré sans prévenir dans le bureau de M. Gé. Il savait comment ouvrir les portes. Il savait comment tout fonctionnait dans les étages superposés du Té, depuis les greniers du building jusqu'aux caves de l'Arche. Il avait dirigé tous les travaux, utilisé le savoir d'une quantité d'ingénieurs et de chercheurs placés sous ses ordres par M. Gé, et trouvé lui-même la solution aux problèmes qui leur semblaient insolubles. Ses connaissances en mathématiques, physique, chimie, mécanique, étaient universelles. Il travaillait depuis vingt ans pour les diverses entreprises de M. Gé. Celui-ci avait mis à sa disposition tout l'argent qu'il avait voulu pour équiper ses laboratoires. En revanche, il lui demandait souvent l'impossible et souvent l'obtenait.

Lucien Hono aurait dû être aussi célèbre que Broglie ou Einstein, mais son esprit était plus pratique que spéculatif et lorsqu'il entrevoyait une possibilité nouvelle, il pensait à la traduire en machines plutôt qu'en mots. Le mépris violent dans lequel il tenait les hommes lui eût d'ailleurs enlevé toute envie de les mettre au courant de ses travaux.

C'était l'ensemble de ces qualités qui l'avait fait choisir par M. Gé pour diriger la construction du Té, y compris ses «bureaux et magasins» souterrains. Jamais Hono ne lui avait demandé, depuis qu'il était à son service, la moindre explication sur l'utilisation finale des travaux qu'il effectuait pour lui. M. Gé n'avait pas pensé qu'il aurait à lui en fournir en cette occasion. Il dit, calmement :

— Je vous croyais parti.

La tendre lumière du soir cherchait dans la pièce des coins d'ombre où s'endormir. Le haut dossier du fauteuil de M. Gé découpait un rectangle sombre sur le dôme du Sacré-Cœur teint en rose couchant. Sur ce rectangle, M. Gé était une silhouette à peine plus grise. Le dernier sourire des petits nuages se posait sur Hono debout en face de lui, humanisait un peu son teint verdâtre et allumait deux étincelles rouges dans ses yeux de houille.

Il avait l'air furieux. Il dit :

— Je ne suis pas parti, parce que je me doutais de quelque chose. J'ai voulu savoir, et je sais...

Il ajouta, criant presque :

— Vous êtes fou !

— Je ne crois pas, dit M. Gé. Asseyez-vous donc !

Hono prit place sur une chaise aux pieds écartelés. Les muscles de ses mâchoires se contractaient sous la peau de ses joues creuses. La peau crispée de son front rapprochait l'un de l'autre ses sourcils plats comme des virgules d'encre. Il n'avait pas un poil blanc parmi ses cheveux coupés très court, «à la chien», comme ceux d'un garçonnet. Et cette frange noire sur son front bas, ses yeux brillants, ses oreilles décollées comme celles d'un bébé qui a dormi sans serre-tête, lui donnaient un air très jeune. Il était à peine ridé, mais la peau de son visage paraissait par moments tannée comme celle d'un centenaire. Ainsi se trouvait-il parfois pareil à un enfant, parfois pareil à un vieillard. Il semblait se situer hors de la mesure ordinaire de l'âge.

Il ne put rester assis. Il se releva, frappa du poing sur le bureau, cria :

— De quoi vous mêlez-vous ? Vous ne pouvez pas les laisser crever ?

— Je vous savais misanthrope, mais pas à ce point, dit M. Gé.

— Moi ? je ne suis pas misanthrope ! dit Hono.

Le mot semblait l'avoir surpris. Il ravala sa colère, se mit à marcher à travers la pièce, essayant de tordre un coupe-papier de bronze ramassé sur le bureau. Mais il ne tordait que ses mains. Ses poignets lui faisaient mal d'énervement. Il était de petite taille, maigre, vêtu de noir. M. Gé, très calme, le regardait.

— Je ne suis pas misanthrope, dit Hono, mais quelqu'un l'est devenu et c'est justement celui qui a créé l'homme. Il est certain qu'il ne peut plus supporter sa créature et je le comprends... Alors, au moment où il s'arrange pour rendre à ce monde la pureté du chaos en se servant justement, pour détruire l'homme, de la propre connerie de ce dernier, voilà que vous voulez intervenir, vous ! vous mettre en travers, faire votre petit Noé, votre terre-neuve ! Vous avez envie de mériter la médaille de sauvetage ?

— Je vous en prie, dit M. Gé, asseyez-vous...

Hono haussa les épaules, posa le coupe-papier sur le bureau et reprit place sur la même chaise. Il tira de sa poche un étui à cigarettes, l'approcha de sa bouche, pressa un bouton et remit dans sa poche l'étui qui lui laissait aux lèvres une cigarette allumée.

— Vous avez raison, dit M. Gé, de prétendre que je me mêle de ce qui ne me regarde pas. Mais je n'ai fait que ça toute ma vie. Ça ne me gêne pas. Laissez-moi vous dire... Je comprends la raison de votre irritation. Je vous assure que j'avais tout d'abord pensé à vous compter au nombre des passagers de l'Arche.

Hono bondit sur ses pieds.

— Moi ?... moi ?... dans l'Arche ?...

Il s'étranglait de rire.

— Moi, parmi vos étalons, vos reproducteurs ? Moi ? recommencer à gratter l'humus, tailler le bois, élever les petits lapins, traire la vache, prier pour qu'il pleuve ? Moi ? faire ce qu'ils appellent l'amour ? devenir père de petits vers rouges hurleurs et merdeux ? Moi ?... Moi ?

Il cria :

— Pour qui me prenez-vous ?

— Je vous prends pour un énervé, dit la voix

grise de M. Gé. Je vous assure que vous parlerez tout aussi bien assis. D'ailleurs, calmez-vous, je vous avais écarté : vous êtes vraiment trop laid.

C'était là un mot qui n'avait aucun sens pour Hono.

Il avait jeté à la volée sa cigarette, il en reprit une autre et s'assit pour la troisième fois. Il s'essuya avec un mouchoir le front et la paume des mains.

— Je suis un des hommes les plus intelligents de ce monde..., dit-il.

Il parlait sans vanité, il savait que c'était vrai.

— ...et si je croyais qu'il faut sauver l'homme, je mettrais cette intelligence à l'abri. Elle serait plus précieuse que les biftecks bien taillés que vous avez emmagasinés dans votre garde-manger souterrain. Vous êtes un médiocre, vous n'avez pensé qu'à perpétuer la belle bidoche, les hommes n'ont jamais compté pour vous qu'en quantité. Tant de bouches à emplir, tant de poitrines à crever, tant de millions de quintaux de blé, tant de millions d'obus... Mais l'homme est foutu, en quantité comme en qualité. Son règne est fini. Dieu, qui a tenté cette expérience, s'aperçoit qu'elle ne vaut rien. Il a créé un être absurde, acharné à souffrir, à gémir, à saigner, à se tailler en pièces et qui, pour finir, va se faire péter au nez de son créateur. Qu'est-ce que vous venez faire là-dedans avec votre ridicule tentative ? Et comment avez-vous pu penser à moi une seconde pour prendre place sur votre radeau ? J'ai assez travaillé depuis vingt ans sous vos ordres, à préparer la tempête, pour avoir gagné le droit d'y plonger. Moi dans l'Arche ? Elle est bien bonne ! Si j'y entre, ce sera pour la faire sauter !...

M. Gé ne répondit pas tout de suite. Il joignit ses mains devant lui, et les bouts de ses doigts fins émergèrent de l'ombre du fauteuil, pâles, gris autant que roses, dans la lumière qui tournait à la cendre.

— Vous gagnez à être connu, dit-il finalement. Vous avez peut-être raison, après tout. Je n'ai pas mis une grande passion à cette entreprise. J'ai seulement fait ce que personne autre au monde, je crois, ne pouvait faire. Et c'est sans doute pour cela que j'y ai vu une sorte d'obligation. Mais au fond, je ne serais pas plus désolé d'échouer qu'heureux de réussir. Si vous désirez vraiment faire sauter l'Arche, faites-le. Je n'ai ni les moyens ni l'envie de vous en empêcher...

Il se tut un instant. La pièce était maintenant presque sombre. Les coupoles du Sacré-Cœur se découpaient en ombres chinoises sur le ciel transparent. M. Gé reprit :

— Cependant, réfléchissez. Mon rôle à moi a été passif. Je me suis borné à construire un abri et inviter l'homme à y prendre place. C'est à lui de continuer. La chance qui lui fut donnée, le Sixième Jour, est toujours entre ses mains. Il en fera ce qu'il voudra... Si vous entrez avec lui dans l'Abri pour le tuer, vous empêchez tout développement ultérieur de l'aventure. Vous intervenez d'une façon terriblement active. Vous vous permettez, en quelque sorte, d'interpréter la pensée de Dieu et d'agir à sa place. C'est une responsabilité...

Le bout rouge de la cigarette d'Hono décrivit une arabesque et alla s'écraser contre la vitre. La voix du savant gronda :

— Si Dieu est en moi, je pense que le Diable, alors, est en vous !...

Une énorme lueur envahit le ciel. Comme si un soleil démesuré s'était levé au fond de l'espace, derrière des horizons accumulés qui laissaient passer sa violence et cachaient son image. Ce fut d'abord blanc, puis rouge et, lentement, noir. Il n'y eut aucun bruit.

— Le Diable est partout, dit M. Gé.

XVII

Toute la nuit se succédèrent ces floraisons lumineuses. Les Parisiens qui étaient demeurés dans la capitale descendirent d'abord aux abris. Ils avaient dix mille chances contre une d'y trouver à la fois leur tombe et leur four crématoire. Mais chacun comptait pour lui-même sur cette dix mille et unième chance.

Les heures passaient. Assis dans leurs caves au ras des murs, ou accroupis dans les anciens abris de la G.M. 2 rouverts et nettoyés, et qui sentaient l'odeur de la terre humide et des excréments mêlée à celle des désinfectants, le dos rond, les traits creusés, ils attendaient. Rien ne se produisit. Peu à peu, ils remontèrent vers les portes. Ils écoutaient, les yeux levés vers la nuit qui soudain s'éclairait, ils guettaient l'écho d'un grondement lointain, ils n'entendaient rien.

Mme et M. Collignot s'étaient trouvés seuls à la cave, tous les deux seuls sous une ampoule rougeoyante, dans un couloir qui se perdait dans le noir d'un côté, et de l'autre se terminait par une porte en bois blanc non rabotée, cadenassée, grise de poussière. Ils étaient d'abord restés debout un moment, sans parler, puis M. Collignot avait dit :

— Il vaudrait mieux s'asseoir.

Il avait cherché dans le couloir, tourné à gauche, à droite, rapporté une caisse. Ils s'étaient assis serrés l'un contre l'autre, car la caisse n'était pas grande. Ils ne disaient rien. Mme Collignot pensait à ses filles. Elle se reprochait de les avoir laissées partir, il lui semblait qu'elles étaient quelque part toutes nues sous le feu des bombes, elle aurait voulu les avoir avec elle, les cacher sous elle, en elle, dans l'énorme abri de son amour.

M. Collignot pensait à ses filles et à la détresse de sa femme. Il cherchait ce qu'il pourrait lui dire pour la rassurer. Il ne trouvait rien. Ils étaient seuls sous l'ampoule sans abat-jour. Elle éclairait moins qu'une bougie. Un peu plus loin dans le couloir il y avait une vieille voiture d'enfant sans roues posée sur ses ressorts et un cadre de bicyclette dressé contre le mur, l'un et l'autre arrondis de poussière, et plus loin c'était le noir. Ils n'entendaient que le bruit de leur souffle, et de temps en temps la caisse qui grinçait quand Mme Collignot déplaçait un peu son buste à gauche ou à droite. Ils étaient seuls, insignifiants, dans ce décor absurde, mais l'angoisse qui pesait sur eux était à la mesure du désastre attendu.

Mme Collignot sentit qu'elle ne pourrait bientôt plus résister, qu'elle allait éclater en cris d'horreur, battre les murs, mordre ses poings, devenir folle. Elle se leva brusquement. M. Collignot, qui était assis sur le bord de la caisse, tomba le derrière dans la poussière, et la caisse dressée lui frappa la nuque. Il se releva, épousseta son pantalon. Mme Collignot, les yeux hagards, lui dit : « Remontons... remontons... chez nous... »

Tout de suite, elle entra dans la cuisine et fit du café, très fort. Après l'avoir bu, ils s'assirent dans des fauteuils, en face de la fenêtre ouverte. De temps en temps, le ciel devenait blanc comme du lait. La lumière qui pénétrait dans l'appartement faisait briller les moindres arêtes des objets et transformait en faces de pierrots les visages de M. Collignot et de sa femme. Puis, le blanc tournait au rose, au rouge, au violet. Les objets s'éteignaient.

— C'est pas pour nous cette fois, dit Mme Collignot.

Elle soupira. Elle essayait de se persuader que ce ne serait peut-être jamais « pour nous ». Cela signifiait « pour mes filles ».

M. Collignot se leva, s'approcha de la fenêtre, chercha les points cardinaux. Il dit :

— C'est au nord...

Vers minuit, la terre se mit à trembler. Cela commença dans le buffet, où les verres du service à orangeade en cristal tintèrent doucement. Puis, les assiettes claquèrent des dents, les meubles craquèrent. Mme Collignot, qui s'était endormie dans son fauteuil, se réveilla et se leva. Sous ses pieds, le parquet vibrait comme au passage d'un camion.

XVIII

— Tiens! ça commence, avait dit simplement Lucien Hono. Vous n'allez pas vous mettre à l'abri ?

M. Gé s'était levé, s'était approché de la baie vitrée, avait regardé longuement le ciel. De temps en temps, Hono voyait sa mince silhouette se découper sur le ciel de lait, et la lumière la mangeait de toutes parts, la réduisait à un fil. Puis elle reprenait un peu de volume à mesure que le ciel s'assombrissait. Elle disparaissait enfin dans le noir.

— Je me demande où... dit M. Gé. Écoutez donc ce que dit la radio...

L'énergie atomique, qui menaçait de tuer le monde, continuait, en attendant, à faire vivre les villes désertées.

Les Parisiens qui n'étaient pas partis disposaient encore de tout le confort : lumière, chaleur, appareils ménagers, télécinéma. Tout fonctionnait, grâce aux molémoteurs d'appartements. Alors que dans les mêmes circonstances, une décade plus tôt, ils eussent été privés de tout, même d'eau potable, une fois les centrales et usines abandonnées par leur main-d'œuvre. Si la guerre se prolongeait, ils n'auraient bientôt plus rien à mettre dans le four de leur cuisinière, mais la cuisinière continuerait à fonctionner. Ils mourraient de faim, mais ils pourraient prendre une dernière douche chaude, mourir propres.

Lucien Hono connaissait bien la pièce. Il se dirigea vers un petit secrétaire Empire qui dissimulait sous ses bronzes et son bois précieux des entrailles de verre et de laiton.

— Prenez Aquiandorra, ajouta M. Gé, je crois qu'ils sont encore neutres...

Le mur au-dessus du meuble s'éclaira. Le visage de la speakerine catalane, brune, toujours souriante quoi qu'il advînt, se tourna vers les deux hommes. Au moment où elle ouvrait la bouche, elle fut comme effacée par un brouillard multicolore vibrant, et le haut-parleur émit une série de crachements, qui peu à peu s'atténuèrent, tandis que le brouillard pâlissait, disparaissait et que réapparaissait la speakerine. Elle disait : « Vacances idéales, tranquillité, un hôtel confort... » Puis, ce fut de nouveau le trouble.

Ils purent saisir, dans les intervalles du chaos, le prix d'un soutien-gorge, le nom d'un médicament contre les vers infantiles, une phrase chantée sur les macaroni. « Ah ! qu'ils sont bons quand ils sont cuits... » et l'assurance que « La première bombe T avait éclaté sur... » La ravissante Catalane souriait toujours, par morceaux.

— Zut! dit Hono. Les explosions atomiques brouillent tout. Nous saurons quand même où ça tombe. Le sismographe nous le dira.

Au moment où le plancher commença à trembler sous les pieds de Mme Collignot, M. Gé, penché sur une carte, près du sismographe et d'une feuille couverte de calculs, dans le laboratoire de Lucien Hono, fut renseigné. Le savant leva la tête vers lui et dit en souriant :

— Pas bête !...

— Je crois, dit M. Gé, que je vais être obligé de partir en voyage...

XIX

Mme et M. Collignot avaient passé la nuit assis devant leur fenêtre, à regarder le ciel en folie, écouter autour d'eux frémir les murs, gémir les meubles. De temps en temps, ils entendaient dans la rue courir quelqu'un, une ardoise tomber, une vitre. Et ces bruits minuscules étaient les seuls bruits de la ville, avec, très loin, le hurlement d'un chien oublié.

Mme Collignot, avec de brusques efforts pour revenir à la surface, se laissa finalement couler dans le sommeil. M. Collignot n'osa pas la déranger. Il les enveloppa, elle et son fauteuil, d'une lourde couverture, posa un édredon sur ses pieds afin que la fraîcheur de l'aube ne la surprît point, ferma la fenêtre, puis la rouvrit, car les vitres vibraient, et alla s'étendre sur son lit, sans même quitter ses chaussures, pour être prêt à toute éventualité. Il fut réveillé, en pleine lumière du jour, par des cris de joie, des appels, des sanglots. Il courut à la salle à manger. Il trouva sa femme échevelée serrant Aline sur son cœur. Debout sur le pas de la porte, Paul Jobet les regardait, et des larmes coulaient de ses yeux sur ses joues sales.

— Te voilà ! te voila ! disait Mme Collignot.

Elle hoquetait. Elle avait transpiré sous sa couverture et elle sentait fort. Son visage était gris avec des plaques blêmes. Ses cheveux pendaient autour, en mèches maigres. Elle tourna vers son mari ses yeux noyés. Elle lui cria . «Elle est revenue, elle est revenue ! »

C'était pour elle qu'elle le disait, elle avait besoin de bien s'affirmer la présence d'Aline, de bien se persuader que sa fille n'était plus perdue quelque part loin d'elle, et en même temps, elle commençait à se tourmenter de la savoir de nouveau à Paris, où les bombes pouvaient... avec ce qui s'était passé cette nuit... on ne voyait plus les lueurs, mais le parquet tremblait toujours... on repartirait tous ensemble... c'est ça... elle repartira, mais j'irai avec elle... je ne la laisserai plus partir toute seule... mais Irène ? où est Irène ? Mon Dieu Irène...

Alors elle recommença à pleurer et se laissa tomber dans le fauteuil. M. Collignot ouvrit ses bras et Aline vint s'y jeter. Il la serra contre lui de toutes ses forces. Il embrassa ses cheveux. Il murmurait tout bas : «Aline, mon poulet, mon petit pigeon, ma belle.» Puis, il l'éloigna de lui à bout de bras et la regarda. Elle avait un visage tragique. Ses yeux étaient immenses, cernés jusqu'aux pommettes. Ses tempes étaient creuses et le sang y battait. Les coins de sa bouche tremblaient. Elle se jeta en avant sur la poitrine de son père et se mit

à pleurer. Mme Collignot se mouchait, Aline san-
glotait avec un gros bruit du gosier, comme un tout
petit enfant, pour faire sortir plus vite et la peine
et la peur et le soulagement. Paul, debout, appuyé
contre la porte, laissait couler ses larmes sans un
bruit, sans un mot. M. Collignot fronçait le nez et
crispait le front pour se retenir.

Enfin, Aline retrouva souffle. Elle dit :

— Ils sont morts...

— Qui ?

— M. et Mme Jobet... Ils sont morts...

Et elle recommença à pleurer.

Le camion avait eu deux pannes en plein Paris
M. Jobet ne connaissait pas grand-chose aux
moteurs, Paul l'avait aidé, ils avaient mis longtemps, chaque fois, avant de pouvoir repartir.
Longtemps et beaucoup de jurons de M. Jobet, et
des exclamations et des cris de joie de Paul. Le jour
touchait à sa fin lorsqu'ils s'engagèrent dans la
banlieue. Les véhicules étaient rares mais les piétons se faisaient de plus en plus nombreux.
C'étaient les derniers partants, ceux qui ne possédaient pas de moyens de transport personnels, qui
avaient espéré jusqu'au dernier moment profiter
de la voiture d'un ami, d'un voisin, du camion
d'une entreprise, d'une place — ah ! si petite ! pas
plus de place qu'une valise ou qu'un chat dans un
panier. — Et les amis étaient partis sans prévenir,
les voisins avaient dit non, ils préféraient emporter
la lessiveuse et le moulin à café, et le camion de
l'usine était plein dedans et dehors, dix personnes

sur chaque marchepied et des agglomérés sur le capot et les garde-boue.

C'étaient ceux qui avaient fait la queue sur les quais des gares et qui avaient perdu leur rang parce qu'ils n'avaient pas osé faire leurs besoins sur place, ceux qui s'étaient accrochés aux grands transports hélicoptères et à qui les passagers embarqués avaient fait lâcher prise à coups de pied ou de couteau sur leurs mains crispées, parce que l'appareil surchargé ne pouvait pas prendre son vol.

C'étaient les plus pauvres, malchanceux, aigris, ceux qui avaient dû se résigner, tout autre espoir perdu, à partir à pied, et qui auraient voulu maintenant être déjà infiniment plus loin, qui sentaient la mort leur courir aux chausses, qui auraient voulu avoir des bottes de sept lieues pour pouvoir s'éloigner vraiment, à chaque pas, de cet enfer qui risquait de surgir à tout instant derrière eux et de les cuire, alors que chaque pas qu'ils faisaient leur semblait être toujours le même pas sur place, de leurs pieds de plomb sur le pavé de glu.

Cette horde de désespoir s'épaississait de plus en plus sur la route, entre les maisons sales, entassées, à mesure que le camion avançait. Des hommes, des femmes, faisaient signe, criaient, demandaient à monter. M. Jobet, les dents serrées, appuyait sur l'accélérateur. Les moins fatigués essayaient de s'accrocher au camion, couraient derrière, puis, distancés, hurlaient des injures en tendant les poings. M. Jobet serrait les dents et regardait droit devant lui. Il ne voulait pas s'arrêter, il savait que s'il s'arrêtait, il serait envahi, surchargé à tel point qu'il ne pourrait plus repartir, ou qu'en tout cas la vieille mécanique rendrait l'âme après quelques tours de roue. Il ne voulait rien entendre, il ne voulait pas voir les bouches ouvertes, les bras tendus. Il serrait les dents, il appuyait sur l'accélérateur, et c'est ainsi qu'il fonça en plein dans un groupe qui s'était mis en travers de la route pour le faire stopper. Il aurait dû s'arrêter avant, quoi qu'il advînt, partie perdue, tant pis. Ou bien alors continuer, après. Mais on ne devient pas facilement meurtrier quand on a été toute sa vie un honnête homme. Il avait eu un moment d'énergie inhumaine, qui lui avait fait serrer les dents plus fort, appuyer à fond sur la pédale, mais quand il se rendit compte, vraiment, de ce qu'il venait de faire, il s'arrêta, comme s'arrête un brave homme qui a marché par mégarde sur le pied de quelqu'un, et qui s'arrête, se retourne et demande : «Pardon, je ne vous ai pas fait mal ?»

En quelques secondes, lui et sa femme furent arrachés de leurs sièges et massacrés, tandis qu'une vague hurlante recouvrait le camion. Paul avait eu juste le temps de sauter et de recevoir Aline dans ses bras. Ils s'enfuirent en courant. Nul n'avait envie de les poursuivre. Chacun ne songeait qu'à monter sur le camion et à y rester par tous les moyens, par les griffes, les poings, les dents, couteaux, n'importe quel objet, massue, coudes dans le ventre, doigts dans l'œil, genoux aux sexes, hurlant, crachant, grinçant des dents, arrachant les oreilles, broyant les cous. Le camion craquait, grinçait. Les planches de côté cédèrent, la moitié du chargement roula sur la route avec des cris, l'homme qui était au volant embraya, le camion démarra, noir comme un bouton de fleur couvert de pucerons, lâcha un nuage de gaz brûlés, prit peu à peu de la vitesse, poursuivi par une meute qui encore, malgré tout, espérait...

Et ceux qui étaient restés sur place, avant de repartir lentement, lourdement, avec le désespoir de leurs pieds lourds, de leurs pauvres simples pieds d'hommes l'un devant l'autre, vinrent se soulager un peu de l'horreur de leur sort en crachant sur les cadavres sanguinolents de Mme et de M. Jobet...

Paul et Aline, d'instinct, étaient revenus vers Paris, vers la maison. Ils avaient marché toute la nuit.

Mme Collignot leur prépara un bol de café bien chaud, avec un peu de lait condensé. Elle aurait voulu leur donner des tartines de beurre, elle avait encore du beurre de conserve mais plus de pain. Aline mangea des biscuits. Paul ne voulut rien manger. Il but son café au lait en frissonnant, il refusa les biscuits. Mme Collignot insistait, elle aurait voulu qu'il se réconfortât, elle pensait que de bien manger c'est le meilleur des remèdes, même au chagrin. M. Collignot lui dit : «Laisse-le donc tranquille!» Mme Collignot dit : «Pauvre petit! C'est vrai...» Puis elle les fit coucher.

Quand ils furent endormis, M. Collignot demanda à sa femme, plutôt pour dire quelque chose que pour poser vraiment la question à

115

laquelle il n'y avait qu'une réponse possible : « Qu'est-ce que nous allons faire de ce gamin ? » Mme Collignot dit : « Nous allons le garder, en attendant... » En attendant quoi ? Ils ne le savaient pas exactement. Mais ils savaient bien qu'ils ne pouvaient rien faire d'autre qu'attendre la fin de « tout ça ». Et la fin de « tout ça », ce ne pouvait guère être que la mort.

XX

Après le discours de la Voix, les passagères de l'Arche avaient visité l'Arche de fond en comble, serrées les unes contre les autres, en groupe. La plus hardie, une petite brune, ouvrait les portes. Celles qui la suivaient poussaient des petits cris, puis elles entraient toutes, se bousculaient, la curiosité tout de suite plus forte que la peur. Quand elles eurent vu la merveilleuse cuisine, les immenses réserves de vivres, la basse-cour automatiquement nettoyée, lavée, ventilée, quand elles eurent ouvert tous les placards, tourné tous les robinets, appuyé sur tous les boutons, elles retournèrent à la grande salle commune, s'assirent et commencèrent à se regarder, ce qu'elles n'avaient pas encore vraiment fait.

Elles avaient toutes, tout de suite, accepté la situation, peut-être parce qu'elles se savaient, enfin, en sécurité. Depuis des semaines, comme tous les hommes et toutes les femmes de la Terre, elles avaient vécu dans l'angoisse. L'énormité des désastres attendus élargissait pour chacun l'épouvante de la mort à l'échelle du genre humain. L'épouvante collective ne se partageait pas, elle se multipliait par le nombre de toutes les victimes promises. Elle pesait de son poids total sur chaque épaule. Et voici que ces quelques femmes s'étaient trouvées, par miracle, arrachées à ce bain d'horreur, comme des demi-noyées dans l'eau gargouillante de bulles visqueuses, d'algues et d'yeux ronds de poissons, brusquement déposées sur le rivage d'une île, sur le sable doré, dans le soleil, sous les chants d'oiseaux. Elles respirent.

Elles respiraient. Quoi qu'il arrivât, il ne leur arriverait rien. Les promesses de la Voix seraient tenues, elles le savaient avec leur instinct de femmes, qui n'a pas besoin de la connaissance pour posséder la certitude. Et, parce qu'elles étaient tranquilles pour elles-mêmes, elles s'inquiétaient beaucoup moins pour ceux qu'elles avaient laissés. L'avenir, elles ne le voyaient pas tel que la Voix le leur avait décrit, cela était trop différent de leurs habitudes. Elles le construisaient avec leurs souvenirs.

Quand « tout ça » serait fini, elles recommenceraient à parcourir les rues de la ville, retrouveraient leur coiffeur, la même marque de rouge à lèvres, la même station de métro, les carrefours.

Irène se persuadait que sa famille était partie dans un coin bien tranquille, qu'elle ne risquait vraiment rien, elle en était tout à fait certaine. Ils seraient si heureux de la retrouver ! Il lui était impossible d'imaginer une vie d'après le déluge, sur une Terre rasée. C'était du roman-feuilleton.

Mais en même temps une pensée la tourmentait, gênante parce qu'elle ne pouvait pas prendre le support d'un visage, d'un geste qu'on a vu, d'une silhouette. C'était la pensée des hommes inconnus qui se trouvaient quelque part dans une partie introuvable de l'Arche.

Nulle n'en parla, ce jour-là. Et chacune, au silence des autres, sut que toutes y pensaient. Cela ne s'accordait pas avec leur façon d'envisager l'avenir, mais elles ne pouvaient pas se permettre de négliger cette éventualité, où elles auraient à choisir un homme, parmi ceux qui se trouvaient quelque part non loin d'elles...

Les hommes s'imaginent assez volontiers qu'ils sont les maîtres, qu'ils choisissent la femme et la prennent. Les femmes le leur laissent croire...

Et voilà que, cette éventualité envisagée, même dans la brume de l'improbable, elles étaient déjà rivales. Assises dans la salle commune, elles commençaient à se raconter tous les détails de leurs vies et s'entre-regardaient, souriantes, avec des yeux féroces.

Irène causait avec sa voisine, la jeune femme brune de la chambre 9. Elle savait déjà qu'elle se nommait Laure Gauthier, vingt-deux ans, divorcée, sans enfant, professeur d'anglais, Parisienne. Laure, plus nerveuse, parlait, et Irène écoutait. Bien enfoncée dans son fauteuil, appuyée de partout, souriante, sans une trace de fatigue ou de souci sur son visage, elle hochait de temps en temps la tête pour bien montrer son attention, et elle se disait qu'« il » ne pourrait pas aimer Laure.

Elle n'avait pas assez de poitrine, elle aurait, à quarante ans, une moustache de sapeur, elle faisait des gestes trop brusques. Et Laure, assise au bord d'une chaise, se penchait vers Irène, parlait, parlait, et la détaillait. Elle se demandait ce que devenaient ses seins quand elle quittait son soutiengorge. Elle lui mit la main sur le bras, espérant le trouver mou. Mais il était ferme, la peau très douce, chaude et agréable dans la main. Laure en eut un instant la parole coupée par l'inquiétude. Et Irène vit étinceler les yeux de Laure, remarqua qu'ils étaient très beaux, dangereux. Elle en ressentit un pincement au cœur. Alors, elles se sourirent gentiment et s'embrassèrent.

Irène n'avait pas beaucoup d'expérience, mais elle était prête au combat. Elle bâilla, elle demanda à Laure : «Vous n'avez pas faim?» Et c'est ainsi que se posa le problème de la confection des repas, et par la même occasion, celui de la division et de la distribution du travail. En vérité, il y avait très peu de travail à faire. Des machines étaient là pour laver et sécher la vaisselle, laver, essorer et repasser le linge. Encore fallait-il les faire fonctionner, ouvrir les boîtes contenant les plats tout préparés et faire chauffer ceux-ci, dresser les tables et les desservir, et fournir en nourriture les nombreux couples de petits animaux de la basse-cour. Une blonde d'assez petite taille, aux membres forts, offrit de se charger du soin de ces animaux. Ses parents étaient propriétaires d'une grande ferme en Beauce, elle savait comment s'y prendre. Personne ne lui disputa cette tâche. Pour le reste, il fut décidé d'établir un roulement, sauf pour les lits : chacune ferait le sien. Une ancienne « cheftaine » d'éclaireuses, qui dissimulait une timidité de garçon sous des gestes brusques, dressa les listes, par ordre alphabétique.

Après avoir dîné d'une aile de poulet en gelée vitaminée, de petits pois au beurre et d'une poire conservée dans la paraffine, Irène se sentit lasse et monta se coucher. Laure l'accompagna. Elles s'embrassèrent de nouveau avant de se séparer.

Irène se dévêtit et se glissa dans son lit.

Ce devait être l'heure où, sur Terre, arrive la nuit. La lumière des murs baissait doucement, s'éteignait Sur la fenêtre peinte, le paysage simulé se teintait de pourpre et de mauve, puis ses vallons s'obscurcirent, son ciel se peupla d'étoiles, le chant du rossignol s'éleva, auquel répondirent, dans une lointaine et claire épaisseur de silence, l'aboi d'un chien de ferme, la flûte des crapauds mélancoliques, le soupir du vent dans un arbre proche...

Et le vent vint caresser le front d'Irène étendue, lui apporta le parfum d'un acacia fleuri, la lourde, énorme odeur d'un tilleul crevant d'amour par ses millions de corolles, la senteur presque buvable, sensible à la langue, de l'herbe des prés coupés, qui reçoit sur chaque blessure la première goutte de rosée de la nuit...

Irène se laissait doucement envahir par la douceur de ce crépuscule enterré, invraisemblable.

Elle oubliait que la fenêtre était un leurre, et que ces chants émoussés, points, virgules, dans la page noire, que ce vent qui semblait avoir caressé les herbes accroupies et les dos ronds des arbres, que toute cette nuit était fausse.

En vérité, M. Gé avait craint pour ses hôtes le silence minéral qui régnait à une telle profondeur, derrière les murs de plomb, de béton et d'acier. Un faux mort enseveli qui se réveille doit encore entendre, sous six pieds de terre, une vague rumeur de la vie verticale. Mais l'Arche était à près d'un kilomètre de profondeur, et ses murs, aux endroits les plus fragiles, avaient quinze mètres d'épaisseur de matériaux superposés comme les peaux d'un oignon. Une telle coquille était imperméable même aux craquements des roches, à l'écroulement des cascades des ténèbres, et aux rugissements enchaînés, horribles, des feux enterrés.

Même chez des femmes rassemblées pouvait advenir un de ces moments où la conversation s'arrête, en plein essor, sans qu'on sache pourquoi, tout à coup, où chaque interlocuteur se trouve rejeté en lui-même et n'y trouve que le vide, cherche à dire n'importe quoi, ne trouve rien, pressent l'arrivée de l'horrible. Si à un tel silence intérieur s'était ajouté le silence absolu des choses, peut-être une de ces femmes, ou plusieurs, n'y auraient pas résisté, seraient devenues folles. C'est pourquoi M. Gé avait fait construire ces fausses fenêtres sur lesquelles des appareils permanents de cinéma total[1] projetaient des films sans fin.

1. Voir *Cinéma Total*, du même auteur (Éditions Denoël).

La plupart des femmes, d'ailleurs, n'en profitaient pas. Une fois retirées dans leurs chambres, elles préféraient tirer les rideaux, allumer les lampes et faire jouer sur leur pick-up des chansons, ou lire les livres qui parlaient d'amour.

XXI

La première de la liste pour la corvée du petit
déjeuner était Jeanne Albertigny, une brune solide
de type méditerranéen, qui avait exercé jusqu'alors
le métier de coiffeuse. Quand elle descendit pour
préparer le café, elle eut la surprise de trouver, sur
la longue table de la cuisine, une gerbe de flûtes de
pain dorées, encore chaudes, à côté d'un amoncellement réconfortant de petits croissants frais. Et,
sous la table, un bidon métallique qui contenait au
moins cinq litres de lait bourru.

Au couvercle du bidon, un billet était fixé au
moyen d'un bout de ficelle rouge. Jeanne le déplia
et lut : « Bonjour, voisines ! Ça va ? Nous, on va
bien. On espère vous voir bientôt. Ça, c'est le lait
de *nos* vaches. Mais où êtes-vous ? » C'était signé
« Albert Girard ».

Et parmi les croissants se trouvait un autre billet,
tout transparent de taches de beurre : « J'espère
que vous les trouverez bons. C'est moi qui les ai
faits. » Ce second billet était seulement signé
« Charles », sans nom de famille.

124

Jeanne, pas plus que les autres, ne put deviner comment le bidon, et les pains, et les croissants, étaient arrivés là. Mais une chose était certaine, c'était la proximité de leurs compagnons d'aventure ! Ils n'étaient peut-être séparés d'elles que par une cloison, une porte ! Elles cherchèrent en vain cette porte pendant une bonne partie de la journée. Elles visitèrent de nouveau de fond en comble leur abri. Il comprenait sept étages, mais la plupart leur en étaient en grande partie interdits par des portes sans serrures visibles.

Elles frappèrent à toutes ces portes, appelèrent, écoutèrent. Rien ne leur répondait. Où se trouvaient les hommes ? Et comment leur avaient-ils fait parvenir le pain, les croissants, le lait et les billets ?

Ces deux billets avaient fait sortir ces hommes de l'état d'existence statistique. Ils étaient là, ces garçons, quelque part au-dessus ou au-dessous ou à côté d'elles, ils étaient déjà parmi elles par l'odeur de la pâte que l'un d'eux avait pétrie, par l'odeur douce et fade des mamelles qu'un autre avait pressées dans ses mains, par les mots qu'ils avaient écrits et sur lesquels certaines, déjà, construisaient le souvenir d'une voix masculine.

Ils étaient un peu frustes, ces billets. La Voix, d'ailleurs, avait bien précisé que la majorité des hommes étaient des paysans. Et il y avait, par contre, pas mal de Parisiennes un peu cultivées parmi les femmes, de ces demi-intellectuelles comme la capitale en fabrique tant. Mais celles-là autant que les autres furent émues par ces

125

quelques phrases brèves. Un homme, maintenant, était un homme...

Lucien Hono, assis devant l'écran, les regardait chercher, fouiller tous les placards, sonder les murs, palper les portes, provoquer les échos. Il promenait son regard du haut en bas de l'Arche, plus volontiers dans les couloirs et les escaliers que dans les pièces mêmes, partout où il avait le plus de chances de rencontrer des femmes isolées, dans ces moments où, passant d'une occupation à une autre, d'une compagnie à une autre ou à la solitude, ayant déjà quitté une attitude et pas encore adopté la suivante, elles ont des gestes un peu à la dérive et des visages neutres où rien de volontaire ne vient se réfléchir. C'était sur ces visages-là que le savant essayait de lire leurs pensées profondes. Mais il n'y voyait rien que le vide. Dès qu'elles ne se trouvaient plus les unes en face des autres, à s'affronter et se mentir, ou tranquillement occupées, seules, à se faire illusion à elles-mêmes, dès qu'elles abandonnaient l'apparence, il ne restait d'elles absolument rien.

Hono, qui venait de regarder les hommes de l'Arche et les avait trouvés stupides, était en train d'en arriver pour les femmes à la même conclusion. Il se demandait si M. Gé avait délibérément choisi des esprits simples dans des corps sains, ou si, étant idiot lui-même, il les avait pris à sa ressemblance en croyant faire un choix supérieur. Mais non : l'explication la plus simple, c'était que les passagers de l'Arche constituaient un échantillonnage moyen de l'espèce humaine. Oui, c'était bien ça, de toute

126

évidence : des brutes qui n'avaient d'autres soucis, individuellement, que de se précipiter sur une autre brute du sexe complémentaire pour engendrer d'autres petites brutes, et, collectivement, de s'entr'égorger. Le grand massacre qui venait de commencer était bien l'aboutissement logique de cette façon de vivre : les hommes allaient s'entretuer jusqu'au dernier, sous le prétexte de s'assurer de plus larges moyens d'existence.

Pour se soulager un peu, pour se reposer les yeux et l'esprit, Hono, d'un brusque tour de bouton, dirigea son appareil sur les bêtes. Il reçut d'abord dans les oreilles le ronflement de la ruche, fit une grimace, s'en fut vers les poules. Elles étaient installées dans de grandes cages grillagées, une cage pour chaque race. Dans chaque cage, un coq vaniteux dressait sa crête au-dessus d'une petite assemblée de poules soumises qui, lorsqu'elles passaient près de lui, baissaient la tête et tendaient le croupion. Hono, une fois de plus, ricana. C'était toujours la même chose, du haut en bas de l'échelle des êtres vivants : manger, combattre, se reproduire, conserver et perpétuer cette vie qui n'avait d'autre but qu'elle-même. Se battre pour conquérir un mâle ou une femelle afin de projeter un peu plus loin cette vie sans raisons. C'était le règne de l'absurde. Lorsque Dieu, après avoir créé les eaux, les rochers, les plantes et les bêtes, avait ajouté l'homme au sommet, il avait ainsi donné un sens à toute la pyramide. Seule la présence de l'homme conscient pouvait donner une direction à ce chaos de forces s'entre-dévorant et se perpétuant avec une ingéniosité divine et sans but. Mais l'homme était rapidement devenu la plus ingénieuse des brutes, la plus prétentieuse des créatures sans raison. Il courait à une allure de plus en plus folle vers sa propre image. Il avait oublié en chemin que cette image était aussi celle de Dieu.

Eh bien! tout cela allait se terminer. L'homme avait préparé de ses propres mains la machine infernale sur laquelle ils allaient sauter, lui et toutes les absurdités qui l'entouraient. Il fallait bien que cela arrivât. Et ce n'était pas trop tôt...

Hono aperçut dans un coin de l'image une silhouette féminine accroupie. Il la cadra au centre de l'écran, la fit grandir. C'était une jeune femme blonde, ronde et douce, paisible. Elle était assise en tailleur, dans une pose de repos. Elle tenait sur ses genoux un lapin blanc aux yeux roses et le caressait de sa main aux longs doigts bien pleins. Elle le caressait sans le regarder, elle avait les yeux vagues, et chantonnait une chanson d'enfant. La lumière qui venait de toutes parts éclairait son visage sous tous les angles, sans trace d'ombre, l'effaçait presque un peu, lui donnait l'apparence d'un personnage de fresque ancienne, travaillée par l'estompe d'un temps sans cruauté.

À la regarder, Hono sentit son propre visage s'apaiser, ses muscles se détendre et la colère permanente qui bouillonnait en son esprit se calmer comme l'eau d'un lac quand tombe le vent. Il en eut un peu honte devant lui-même, il tendit la main pour couper l'image, mais il ne le fit pas. Il continua de regarder Irène, il respirait sa paix comme l'air d'un crépuscule après un jour trop chaud. Il commença presque de sourire, il se passa la main sur les joues dans un geste pareil à celui de la main d'Irène sur la petite bête qui s'endormait, comprit qu'il aurait voulu être à sa place, poser sa tête là, sur cette chair tiède et ronde, fermer les yeux et se laisser caresser par cette fille qui continuerait de chantonner et de regarder dans le vague. Jamais une main de femme ne s'était posée doucement sur lui. Cela ne lui était jamais arrivé, jamais.

XXII

Irène se réveilla, se dressa sur son lit, effrayée. Elle était certaine que quelqu'un était entré dans sa chambre, s'était penché sur son lit, l'avait regardée, s'était penché plus encore... Son cœur battait si fort que sa nuque crispée de peur faisait osciller sa tête à chaque battement. Lentement, comme si un geste brusque eût pu déclencher une offensive, elle tendit la main vers sa table de chevet, y prit ses lunettes, les porta à son visage. Elle regarda autour d'elle. Dans la pièce suffisamment éclairée par la veilleuse, elle ne vit personne. Mais dans le mur, en face du lit, une porte, dont elle n'avait jamais soupçonné l'existence, était grande ouverte.

Elle poussa un cri et se cacha sous les couvertures. Rien ne se passait. Du bout des doigts, elle pratiqua une petite ouverture entre les draps et regarda la porte. Elle ouvrait sur une sorte de grand placard éclairé de l'intérieur. Et ce placard ne contenait rien d'autre qu'un fauteuil confortable, pareil à tous ceux qui meublaient les diverses pièces de l'Arche.

Irène dégagea tout son visage, puis son buste, et s'assit. Elle n'était pas de tempérament à s'abandonner à la peur. Elle se demanda ce que signifiaient ce placard et ce siège. Quelqu'un était-il venu s'asseoir dans ce fauteuil pour la regarder dormir? Mais alors, pourquoi se placer si loin et dans un placard? Elle se décida à aller voir ça de plus près, alluma la grande lampe, se leva, et, se rendant compte que son pyjama, dérangé par les mouvements du sommeil, n'était peut-être pas très décent, enfila sa robe de chambre. Elle était pourtant seule dans sa chambre et trop simple pour être excessivement pudique, mais ce fauteuil vide était plus gênant qu'une présence.

Elle s'approcha doucement, la tête un peu penchée en avant, s'arrêta à deux pas de la porte, puis fit encore un pas, puis un autre. Alors, elle put distinguer une petite plaque de cuivre fixée en haut du dossier et sur laquelle deux mots étaient gravés. Elle dut s'approcher encore et se pencher davantage pour pouvoir les lire. C'était une simple invitation: Asseyez-vous... Elle eut envie de rire, elle se sentait amusée comme un enfant. Pourquoi pas, après tout? Pourquoi ne pas s'asseoir? Si on avait pris la peine de la faire venir dans cette Arche pour lui sauver la vie, «on» n'avait sûrement pas l'intention de lui jouer quelque mauvais tour. Irène se laissa aller à son rire, avec un petit bruit de gorge, et, carrément, pivota sur elle-même pour s'asseoir...

— Vous feriez peut-être mieux de mettre vos pantoufles, dit une voix qui venait de nulle part.

Irène sursauta, puis éclata tout à fait de rire. Elle courut à son lit, chaussa ses mules, courut au fauteuil et s'y laissa tomber. La porte, d'un coup, se ferma. Irène eut peur, voulut se dresser, mais le fauteuil se souleva et se mit à monter, l'emportant entre ses bras de cuir.

Il montait doucement, en tournoyant, semblait-il, avec des allées et venues, des glissades vives et d'autres plus lentes, comme une feuille morte qui s'en fût retournée vers sa branche. C'était agréable.

Enfin le fauteuil s'immobilisa, une porte s'ouvrit et Irène vit devant elle une petite pièce carrée, vivement éclairée, sans fenêtre. Assis derrière une table de bois blanc, un homme la regardait. Il était maigre, très brun, son visage était tourmenté et ses cheveux, ridiculement coupés comme ceux d'un garçonnet, dégageaient ses grandes oreilles et bordaient son front d'une petite frange.

Irène se leva, alla vers l'homme et lui demanda :

— Qui êtes-vous ?

— Et vous ? demanda Hono.

Irène fut un instant interloquée.

— Vous devez le savoir, dit-elle, puisque vous m'avez fait venir dans l'abri...

— Ce n'est pas moi, dit Hono. Celui qui vous a fait venir dans ce qu'il nomme l'Arche n'est pas ici en ce moment.

Il fit un geste vague de sa main droite et ajouta :

— Il a beaucoup à faire un peu partout... Ne pourriez-vous pas ôter vos lunettes ? Je n'aime pas les gens à lunettes, ni les gens à barbe. Vous pourriez peut-être aussi vous asseoir. Excusez-moi, je n'ai pas l'habitude d'être poli avec les femmes. Avec les hommes non plus, d'ailleurs.

Il eut l'air de vouloir se lever pour avancer un siège, mais Irène avait déjà tiré une chaise près du bureau et s'était assise.

— Je préfère garder mes lunettes, dit-elle, je tiens à vous voir...

— Je me demande, dit Hono, pourquoi il a introduit des porteurs de lunettes dans l'Arche. Est-ce qu'il tient à repeupler la Terre de myopes ? Un myope suffit pour ôter la vue à tout le genre humain...

— Qui êtes-vous ? demanda Irène. Qui a fait l'Arche ? Où sont les hommes ? Que se passe-t-il dehors ?

— Rien d'intéressant, dit Hono. Vraiment, vous me feriez grand plaisir en enlevant vos lunettes.

— Je veux bien, dit Irène, je vous ai assez vu.

Elle savait que ses lunettes lui allaient bien, qu'elles ne déformaient pas les traits de son visage, elle les avait bien choisies. Elles lui agrandissaient plutôt un peu les yeux. Elle les enleva puisqu'il avait l'air d'y tenir. D'un geste habituel, elle chercha à les ranger dans son sac. Elle se mit à rire parce qu'elle n'avait pas de sac.

— Vous riez trop, dit Hono. Je vous demande ce qu'il y a de drôle dans tout ça ?

Irène eut envie de répondre par une impertinence. Elle se contenta de s'appuyer fortement au dossier de sa chaise, les mains posées l'une sur l'autre sur ses cuisses, la main droite fermée autour de ses lunettes. Elle-même était maintenant enfermée dans le brouillard lumineux qui composait tout son monde visible dès qu'elle ôtait ses verres. Elle apercevait la silhouette du bureau, et le buste sombre et flou de l'homme. Mais au sommet de ce buste, son souvenir plantait l'étrange visage qui l'avait accueillie.

— Je voudrais savoir, dit la voix de l'homme, qui vous êtes, votre nom, d'où vous venez, vos parents, votre métier, vos idées, votre âge...

Il la retrouvait presque telle qu'il l'avait vue sur l'écran, avec le même regard vague, noyé d'un rêve dont il savait maintenant qu'il n'était que celui de la myopie.

— Et moi, je voudrais savoir, répondit Irène, si je suis obligée de vous répondre. On m'a déjà demandé des tas de choses semblables quand je suis entrée dans l'administration. Est-ce que vous êtes chargé de constituer mon dossier ou est-ce que vous êtes simplement curieux?

— Je me moque des dossiers, dit Hono, et j'ai horreur de la curiosité. Curieux de quoi? Apprendre quoi? On n'a jamais rien à apprendre, on n'entend que des mots qu'on a déjà entendus, que tout le monde a déjà entendus...

— Alors vous auriez mieux fait de me laisser dormir, dit Irène.

— Non, dit Hono. Dans votre cas, c'est simplement pour compléter l'idée que je me fais de vous. Je vous ai vue, ça ne me suffit pas. Je voudrais savoir un peu ce qu'il y a là-dedans, simplement me persuader que vous êtes aussi stupide que tout le monde...

— Assurément, dit Irène.

— Est-ce que vous êtes une des trois vierges dont a parlé M. Gé ? dit Hono.

— M. Gé, dit Irène, c'est lui qui nous a parlé ? C'est lui l'homme de l'Arche ? C'est son initiale ?

— Non, dit Hono, c'est son nom, G, é accent aigu.

— Quel drôle de nom, dit Irène. Quel genre d'homme est-ce ? Il est jeune ?

— Qu'est-ce que ça peut vous faire ? cria Hono en frappant sur la table. Vous n'avez pas encore répondu à une seule de mes questions.

— Oh ! dit Irène, lasse, demandez, demandez, je vous dirai tout ce que vous voudrez...

Mais alors il ne sut plus quelle question lui poser. Il avait une envie violente de tout savoir d'elle, et il se rendait compte maintenant que s'il lui demandait mille choses et qu'elle répondît à tout, il ne saurait encore rien de ce qu'il voulait savoir. Ce qu'il voulait savoir, cela s'apprenait peut-être avec des mots qui ne signifient rien, des chansons murmurées, des inclinaisons de tête, une main serrée, une joue contre une joue...

Cette dernière image lui parut tellement grotesque qu'il se leva et cria :

— Mettez vos lunettes ! Allez vous coucher !..

XXIII

C'était Charles Cassot qui avait fait le pain et les croissants. Troisième fils d'une famille de paysans de l'Isère, il avait quitté les travaux des champs à quatorze ans pour entrer en apprentissage chez un boulanger du bourg de Montalieu. Il s'était inscrit à la Société Sportive locale, le Cordial Sporting Montalien, et s'était montré très doué pour les poids et haltères. L'année suivante, il remportait un concours international et, à l'âge de dix-huit ans, gagnait le titre de champion olympique dans la catégorie des poids légers. Il l'avait conservé à vingt-deux ans dans la catégorie des poids moyens.

Peut-être était-ce le maniement de la fonte qui l'avait empêché de grandir. Il était resté juste au-dessous d'un mètre soixante. Les muscles de ses épaules lui remontaient en trapèze jusqu'au menton, ses bras courts étaient aussi larges que ses cuisses. Il soulevait en riant les balles de farine. Pour se tenir en forme, il les entreposait au grenier, s'obligeant ainsi à les monter à chaque livraison, à les descendre à chaque fournée, sur son dos, le long des quatre étages. Avant de les vider dans le pétrin, il jonglait un peu avec, pour le plaisir.

Au moindre instant de loisir, il allait s'entraîner dans la courette, sous l'auvent où il entreposait ses haltères. Les poules que sa patronne élevait derrière un grillage le regardaient d'un air scandalisé. Ces bêtes s'étonnent de tout et commentent chaque chose.

Il avait la tête ronde, le teint bien entretenu par la farine, des cheveux blonds très fins et qui se faisaient rares, des yeux gris, de petites oreilles, des dents saines un peu espacées, une moustache à la Charlot sous un nez en noisette, les lèvres blanches la plupart du temps et roses quand il venait de boire ou de se débarbouiller. La pâte qu'il caressait et giflait chaque jour entretenait une douceur de peau d'enfant à la peau de ses mains trapues, habituées à serrer la fonte et à soulever par les oreilles les sacs de cent kilos. Son cœur était doux et fort comme ses mains. Il portait sur le biceps gauche trois jolies cicatrices rondes de vaccin anti-variolique. Un copain lui avait tatoué sur le biceps droit une rose à l'encre bleue.

Toutes les filles du bourg, et aussi les femmes mariées, rêvaient de se laisser écraser par ses muscles, mais il se méfiait, il voulait conserver sa forme, il ne se rendait qu'à celles qui souffraient vraiment trop de lui. De temps en temps, pas souvent, et jamais avant les championnats.

Le jour où M. Gé avait décidé de passer à l'action, Charles Cassot, enfariné, avait quitté sa pâte en plein travail, s'était rendu sans savoir pourquoi sur le terrain de football, où l'attendait un hélicop-tère télécommandé. Il y était entré sans s'en rendre compte, et, peu de temps après, s'était réveillé dans l'Arche.

Du discours de la Voix, ce qu'il avait retenu de plus réconfortant, c'était qu'il devrait faire le pain de la communauté. Il s'était mis aussitôt à l'ou-vrage. Obéissant aux instructions, il avait disposé la ration des femmes dans une sorte de caisse métallique encastrée dans un mur, dont l'ouver-ture s'était refermée aussitôt, hermétiquement.

Il avait essayé de se distraire, avec ses compa-gnons, à ce jeu qui est la grande ressource des hommes simples lorsqu'ils n'ont pas de femmes à leur portée : la belote arrosée de vin rouge. Mais ses muscles languissaient, pesaient autour de sa charpente, se pelotonnaient sur ses os comme des animaux malades. Ils avaient besoin de leur ration de fonte. Il chercha vainement dans l'Arche quelque chose qui ressemblât à des haltères, joua quelque temps avec des balles de farine. C'étaient des balles américaines en nylon, glissantes, peu pratiques. Alors il s'enferma dans sa chambre, s'ac-croupit sous son lit, le souleva sur son dos, puis à bout de bras, et le promena d'un bout à l'autre de la pièce. Après le lit, il s'en prit à l'armoire. Enfin il put dormir.

Il lui eût été loisible de pétrir son pain à n'im-porte quelle heure du jour. Mais il avait l'habitude de se lever avant l'aube pour fournir en miches fraîches l'appétit matinal des villageois. Il continua de s'éveiller et de se mettre au travail alors que ses compagnons dormaient encore.

Un matin, alors qu'il venait de verser l'eau tiède dans la farine, un fracas résonna dans l'Arche. Comme si un train express, lancé à trois cents à l'heure, se fût écrasé dans l'escalier avec tous ses wagons.

Charles Cassot faillit plonger dans son pétrin. La porte du fournil se ferma brusquement, tandis que des grondements, des écroulements, des explosions, des cris retentissaient derrière elle. Charles courut vers la porte, mais ne parvint pas à l'ouvrir. Sa serrure n'obéissait plus.

Charles se demanda ce qui était arrivé. Malgré les précautions prises, une bombe sans doute avait dû atteindre l'Arche, et la déflagration bloquer la porte du fournil. Qu'étaient devenus ses compagnons, surpris dans leurs lits ? Il les avait entendus crier. Il souleva à bout de bras une balle de cent kilos et la jeta contre la porte. Celle-ci ne bougea pas, mais, de la balle crevée, un nuage blanc s'éleva et doucement envahit la pièce. Charles éternua, regarda autour de lui, s'approcha d'une lourde cuve en acier qui servait à faire reposer la pâte, l'ébranla, la souleva en geignant, fit un pas, deux pas, se laissa emporter par le poids, et de tout l'élan de son corps, de toutes ses forces, dirigea la chute de la cuve, en coin, sur la porte. Le choc résonna comme un coup de canon. La cuve rebondit et roula sur le sol. À l'endroit où elle avait frappé la porte, la peinture était rayée d'une longue blessure, et l'acier, entamé, luisait. La serrure était broyée. Mais la porte ne s'ouvrit pas.

Charles s'assit sur un tabouret et essuya la sueur qui lui mastiquait les sourcils. Allait-il rester prisonnier dans le fournil ? Il avait là de quoi faire et manger du pain pendant plus d'une vie d'homme, l'eau coulait toujours du robinet, la lumière des murs ne s'était pas éteinte, mais cela durerait-il ? Et même si cela durait, ce n'était pas une vie !

Il se moucha et s'essuya le visage. Il fut de nouveau tout rose, avec seulement des ourlets blancs aux ailes du nez, dans le creux des yeux et aux coins de la bouche. Il lui restait un espoir : que ses compagnons rescapés, s'il y en avait, parvinssent, avec l'outillage de la salle de mécanique, à ouvrir sa porte... Derrière celle-ci, maintenant, c'était le silence.

Et si le maître de l'Arche, lui-même, avait été tué ?

— Boulanger !... dit une voix.

Charles sursauta.

— ... un grave accident vient de se produire...

Charles, debout, encore essoufflé, cherchait en vain le haut-parleur qui lui jetait ces mots. Il avait remarqué tout de suite qu'ils n'étaient pas prononcés par la même voix qui avait parlé au début de sa présence dans l'Arche. Celle d'aujourd'hui était à la fois plus humaine et pourtant plus grinçante.

— ... tous vos compagnons sont morts...

— Oh ! dit Charles. Et il se rassit.

— Par bonheur pour l'avenir de l'humanité,

vous avez été épargné... Il y eut un court silence. «...et les femmes aussi...»

Les femmes ? Charles n'avait pas pensé à elles...

— ... Vous ne pouvez pas rester enfermé dans le fournil jusqu'à la fin du conflit, qui risque de se prolonger encore pendant des mois, peut-être des années... Vous vivrez désormais avec les femmes. Mais pensez à votre avenir, à votre mission, à la responsabilité qui pèse sur vos épaules...

La voix ricana et ajouta : «Ménagez-vous !...»

Et ce fut le silence. Dans le mur qui faisait face à la porte bloquée, une porte s'ouvrit, découvrant un couloir qui s'enfonçait dans une douce lumière.

Charles regarda la porte fermée, la porte ouverte, regarda son pétrin...

Il se remit au travail.

XXIV

Les femmes n'avaient rien entendu. Quand Charles enfariné poussa la porte de la pièce où elles étaient en train de prendre leur petit déjeuner, leur surprise et leur émoi furent grands.

Elles se levèrent toutes, d'abord celles qui le virent, puis celles qui lui tournaient le dos et que les yeux écarquillés des premières arrachèrent à leurs sièges.

— Je vous demande pardon, dit Charles. Si je pouvais avoir une petite tasse de café...

Il en eut douze.

Puis il raconta. Quand il eut fini, quand elles surent, d'une façon incontestable, qu'il était le dernier homme, qu'il était le seul pour elles toutes, elles s'éloignèrent de lui lentement, elles quittèrent la pièce une à une, les yeux durs, le visage glacé.

Irène sortit la dernière. Elle avait mis ses lunettes, était venue le regarder de près, avait échangé avec lui quelques paroles, puis s'était éloignée en se détournant vite, pour qu'il ne la vît pas bâiller.

Alors commença pour Charles une vie de délices et d'enfer. Tous ses gestes étaient prévenus, six briquets allumés tendus vers sa cigarette, trois chaises sous son séant, cinq verres pleins vers sa main. Chaque repas lui apportait des petits plats nouveaux, des sauces inédites, des rôtis mijotés, d'énormes chateaubriands, des crèmes, des soufflés, des caramels, des confitures, des tartes, des fruits épluchés, cuits, fourrés, confits

Il cédait à la gentillesse et à la gourmandise, il mangeait, buvait, il remerciait de tous côtés à la fois. Pour ne pas engraisser, il s'obligeait à de longues heures d'entraînement, il déplaçait tous les meubles de l'Arche, montait les étages avec des bahuts empilés sur son dos.

Dès qu'il souriait à une des femmes, une autre aussitôt attirait son attention. Il ne pouvait jamais se trouver seul avec une d'elles, elles ne se déplaçaient qu'au moins deux par deux, se surveillaient sans arrêt. Puis elles se soupçonnèrent de complot à deux, à quatre... Elles transportèrent tous les lits dans la salle commune pour dormir ensemble.

Charles ne voyait devant lui que des sourires, mais il entendait derrière son dos des grincements de dents, des disputes, voyait surgir sur les visages des traces de griffes...

Les seules heures de paix qu'il connût étaient celles où il s'enfermait dans le fournil, pour y dormir ou y pétrir, sans arrière-pensée, le bon pain.

XXV

Plusieurs semaines s'étaient écoulées entre la déclaration de l'état de guerre et l'envol de la première bombe. Il avait fallu tout ce temps pour décanter un peu la situation, situer la position des Grands, et faire le ramassage des derniers Petits indépendants. Et quand la situation put être considérée comme à peu près définitive, on s'aperçut qu'il y aurait face à face, dans cette guerre, non point deux camps mais trois. D'une part le groupe Amérique-Océanie, d'autre part le groupe U.R.S.S.-Asie et un troisième conduit par l'Angleterre et qui prétendait rassembler l'Afrique et l'Europe Occidentale. En fait, de l'Afrique il ne demeurait que le Cap, le reste étant américain, et de l'Europe que l'île de Jersey, le reste étant asiatique. L'Angleterre ne pouvait donc guère compter que sur elle-même, mais elle y comptait bien. Elle déclara solennellement qu'elle refusait toute alliance soit avec les barbares d'Orient, soit avec les Américains traîtres à la cause de la civilisation, et qu'elle mènerait à la victoire son propre camp.

144

La guerre commença donc, effectivement, par des échanges de proclamations et de défis. Les Petits, poussés devant les micros, faisaient grand bruit. Mais aucun, parmi les Grands, ne semblait se décider à porter le premier coup. Chacun pensait à ceux qu'il recevrait à son tour... Les Petits sonnaient du clairon et poussaient des cris de mort, mais les Grands réfléchissaient. La guerre était déclarée, c'était entendu, mais enfin on ne se battait pas encore. À l'origine du conflit, il n'y avait officiellement que la querelle de deux minuscules nations au sujet d'un cargo chargé de fèves charançonnées. Le vrai responsable de la vraie guerre, dont le véritable enjeu était la Lune, serait celui qui larguerait vers un des centres vitaux d'un de ses concurrents la première fusée. Certes, la responsabilité ne faisait peur à personne, à condition que la victoire fût au bout. Le vainqueur n'éprouve jamais de difficultés à démontrer que c'est le vaincu qui a commencé. Mais rien n'était moins assuré que la victoire. Par contre, chacun était bien certain de voir s'accumuler sur son propre sol, dès que le conflit commencerait, les plus abominables destructions. Même s'il anéantissait d'un seul coup toutes les villes de l'adversaire, il verrait disparaître les siennes dans l'heure qui suivrait. Car chacun avait bien mis à l'abri sous des kilomètres de terre, de béton, de plomb et d'acier, toutes ses fabrications de guerre. On n'avait pu mettre *tout* à l'abri, évidemment. On n'avait pu enterrer ni les champs de blé, ni les troupeaux de ruminants, ni la chair bien tendre des hommes. Ces derniers se débrouilleraient comme ils pourraient, ils s'étaient toujours débrouillés depuis toujours, ils s'étaient toujours arrangés pour survivre aux guerres, ils avaient la vie dure, il ne fallait pas s'imaginer qu'ils y resteraient tous, pas plus cette fois-ci que les précédentes. Et ceux qui survivraient auraient la Lune. C'était quelque chose.

Mais quelle nation survivrait aux autres ? C'était ça, la grande question. Il fallait si peu d'hommes à l'abri pour continuer à fabriquer et envoyer des bombes...

Dans le monde entier, les fusées étaient prêtes, braquées sur leurs objectifs. Personne n'osait presser le bouton de départ.

Ce fut à ce moment qu'un avion de reconnaissance américain rapporta, d'un vol au-dessus de la terre de Wrangel, à une enjambée du Pôle Nord, une photographie sensationnelle. Le chef du grand état-major en fit immédiatement diffuser l'image par radio, pour justifier les mesures qu'il allait prendre et galvaniser l'héroïsme de ses concitoyens. Il ignorait, ou voulait oublier, que pas un de ses concitoyens sur cent ne se trouvait encore à proximité de son poste récepteur, que la plupart d'entre eux étaient déjà en train de se disputer à coups de dents les derniers brins d'herbe des campagnes. Il était dans son abri, à mille pieds sous terre, il n'avait plus d'autre devoir que de tuer, il avait le cerveau sillonné de trajectoires, illuminé d'explosions, bourré de chiffres d'effectifs et de rations, et de calculs de résistance et de dégagements caloriques. Il n'y avait aucune place, parmi cela, pour l'image d'un civil, d'un bord ou de l'autre. Pas davantage, d'ailleurs, pour l'image d'un soldat en tant qu'être vivant, corps indépendant pourvu d'un visage particulier. Mille soldats, ce n'étaient pas mille hommes, mais un régiment.

Le chef d'état-major, donc, fit diffuser dans les déserts des villes l'image redoutable, et annoncer dans les maisons vides que les mesures nécessaires avaient été prises aussitôt. La photographie représentait douze points noirs sur fond blanc. C'était une patrouille sur la neige, se dirigeant d'ouest en est, incontestablement une patrouille russe ou anglaise faisant route vers l'Alaska. Elle en était encore séparée par mille kilomètres et se composait bien uniquement de douze hommes, ce n'était pas un grand danger ni un danger immédiat, on pouvait même se demander ce qu'ils faisaient là, ces douze hommes ridiculement piétons, à piétonner dans la neige, alors que tant de moyens de locomotion militaire étaient à leur disposition, mais en l'occurrence le devoir des défenseurs du territoire n'était pas de se poser des questions, mais de parer à la menace. Cette patrouille était le premier signe d'hostilité active, l'avant-garde de l'armée d'invasion. D'abord douze hommes, puis douze millions...

Une fusée atomique s'envola d'une base creusée dans les entrailles du mont Saint-Élie (Alaska, 5 900 mètres) et, quelques instants plus tard, toutes traces de vie avaient disparu de la surface de la terre de Wrangel. Ce fut le commencement.

En réalité, et tous les états-majors du monde avaient pu s'en rendre compte en examinant la photo suspecte, la patrouille en question n'était qu'une troupe de pingouins.

XXVI

«Je crois, avait dit M. Gé, que je vais être obligé de partir en voyage!...» En fait, trois heures plus tard, il atterrissait au Kenya, et le lendemain matin arrivait en Australie, d'où il repartait pour l'Angleterre, avant de se rendre à Stockholm, puis à Berne, à Philadelphie, à Irkoutsk, à Moontown, au Creusot, à Téhéran, à Vancouver, à Montevideo, à Sou-Tchéou, à Bogota, à Bénarès... Les explosions atomiques rendaient le radiotéléphone inutilisable, et les conversations par fil et câbles trans-océaniques étaient officiellement, stupidement, interrompues entre pays ennemis. M. Gé fut donc obligé de se déplacer plus peut-être qu'il ne l'eût désiré. Étant donné la tournure prise par les hostilités, M. Gé se trouvait moralement obligé de faire face à ses devoirs de fournisseur de guerre, de garder le contact avec ses agents, ses fondés de pouvoir, les hommes politiques et les chefs militaires à ses ordres, avec les rois, présidents et dictateurs qui avaient besoin de ses conseils. Il lui fallut franchir beaucoup de frontières. Cela n'offrait jamais pour lui la moindre difficulté.

Il avait laissé l'Arche sous la surveillance de Lucien Hono. Elle n'avait besoin d'aucune surveillance, mais il s'était dit qu'en chargeant le savant de la garder, il l'empêcherait peut-être de la détruire. Il revint au bout de dix jours.

Au bout d'une demi-semaine, la situation de Charles Cassot était devenue proprement intenable. Il ne pouvait plus faire un pas sans être suivi par trois ou quatre femmes, qui se surveillaient avec des yeux de louves. Les premières discussions qu'elles avaient eues à son sujet s'étaient déroulées en dehors de sa présence, maintenant elles ne se gênaient plus pour lui. Elles se trouvaient devant ce fait effrayant : demain, si les prédictions de la voix s'avéraient justes, elles risquaient de se trouver, elles douze survivantes, seules au monde avec cet homme, ce seul homme-là. Il s'agissait d'y penser dès maintenant et de s'organiser. Quand elles parlaient, ce n'était qu'au nom de la justice et du salut du genre humain. Il importait que chacune d'elles pût profiter de la semence, pas d'inégalités, chacune son compte, pas un grain de plus. Mais ce à quoi chacune pensait, c'était au moyen de s'assurer l'affection exclusive du semeur, et l'entière possession du semoir. À l'idée de partager l'un et l'autre, certaines d'entre elles, à qui la réclusion commençait à peser, se sentaient prêtes à mourir de rage.

Claire Cralier, la manucure, avait eu déjà plus d'une douzaine d'amants, pour la plupart mariés.

Dans ce cas, elle avait bien accepté le partage, mais ici ce n'était pas du tout la même chose. Devenir la maîtresse d'un homme marié, d'abord, c'est une victoire, une prise de possession, et puis il y a autour de tout cela les passants, les mots, les fleurs, les sourires, mille mensonges. Et mille autres hommes disponibles, et mille encore après. Celui-là est seul...

L'Homme, le seul arbre, la seule source... Il faudrait attendre au moins quinze ou seize ans avant que la nouvelle génération... À condition encore que les premiers-nés soient des garçons. On pourrait peut-être les faire mûrir un peu plus vite, ces petits, chers petits... Soupirs... Un seul homme. Je ne donnerai pas ma part, mais je ne veux pas donner non plus celle des autres. Qu'il m'aime, qu'il me veuille, moi, moi, rien que moi. Je les étranglerai, je leur écraserai le ventre, je leur arracherai les yeux... Pleurs...

Elles constituèrent une commission qui commença l'étude d'un projet de Déclaration des Droits sur l'Homme. Mais les membres de la Commission ne parvenaient pas à se mettre d'accord, et quand par miracle elles avaient cessé de se disputer au sujet d'un mot, les non-membres remettaient tout en question. Parfois, elles interrompaient leurs disputes pour se tourner toutes à la fois vers Charles et le regarder de telle façon qu'il prenait peur.

Il aurait pu, en très peu de temps, ramener le calme s'il avait fait preuve d'un peu d'autorité, s'il avait donné son avis, distribué quelques gifles, ou fait l'amour à l'une ou à l'autre, ou à toutes. Mais son cœur était si tendre et son sens de la justice si aigu qu'il en oubliait son propre point de vue pour épouser entièrement leurs angoisses. Il ne voulait en léser aucune, il attendait qu'elles se missent bien d'accord sur l'usage qu'elles entendaient faire de lui, avant de se mettre à leur disposition. Son devoir, pour l'instant, consistait à se tenir en bonne santé. Tomber malade, mourir, simplement faiblir, c'eût été la fin de tout...

Devant son attitude passive, l'instinct déglutitif des femmes s'était exaspéré. Charles était un chevreau au milieu de douze lionnes. Et chacune espérait bien, par un moyen ou par un autre, non seulement accaparer le chevreau, mais encore le transformer en lion, en mâle irascible qui saurait envoyer promener les autres postulantes.

En attendant, on en était resté à l'article I : « Les femmes naissent et demeurent égales en droits. » Ce qui, ne tenant compte ni des différences de tempéraments, ni de la diversité de périodicité et de durée des lunaisons, était évidemment pure utopie.

Un soir — c'était la veille du retour de M. Gé — la voix qui avait parlé à Charles dans le fournil se fit entendre aux femmes. Elle déclara simplement que la guerre touchait à sa fin et que les portes de l'Arche seraient bientôt ouvertes. Elle n'ajouta pas un mot.

Au sein de l'abri enterré, l'émotion fut énorme. Qui était le vainqueur ? Si vainqueur il y avait, que restait-il de Paris ? Qu'était devenu le monde ? Y avait-il des rescapés ? Combien ? Où ? Est-ce que l'avenir qu'on leur avait prédit allait vraiment, demain, commencer ?

Les questions se heurtaient aux murs et nulle réponse ne se faisait entendre. Les jeunes femmes commencèrent à penser à leurs familles, à tout ce qu'elles avaient laissé sur terre et qu'elles avaient presque, depuis quelques jours, complètement oublié. Mais du milieu des pleurs, les regards aiguisés, un à un, se tournèrent vers Charles. L'heure de son règne avait peut-être sonné...

Charles rougit, se leva, déclara qu'il allait préparer la prochaine fournée et sortit. Chacune pensa que c'était le moment ou jamais de passer aux actes. Mais une chose était d'en avoir envie, autre chose de trouver comment. La plus jeune eut une idée, peut-être parce qu'elle était grande lectrice de romans policiers. Elle confectionna pour le repas du soir une salade de fruits dans laquelle elle vida tout un flacon de baume dentaire. Il était à base de morphine parfumée à l'orange. Elle se garda bien d'y toucher et servit à Charles un petit plat à part. Il n'y avait pas assez de drogue dans le dessert pour faire tomber les convives de leur chaise, mais suffisamment pour qu'elles fussent, une fois couchées, hors d'état de demeurer sur le qui-vive.

Lorsqu'elle les jugea toutes bien endormies, la rusée se leva. Elle avait vingt ans et trois mois, elle se nommait Suzette, elle était brune et rose, de petites joues bien rondes et percées d'une fossette, des yeux pleins de rire, de longs cheveux bouclés

coulant sur les épaules, de petites mains nerveuses...

Elle se glissa sans bruit hors de la pièce. La porte
du fournil n'était pas entièrement poussée. Sans
doute Charles comptait-il plus, pour sa tranquillité,
sur la méfiance réciproque des femmes que sur une
porte close. Suzette glissa ses doigts roses dans la
fente de l'huis, poussa la porte juste assez pour passer de profil.

Devant elle, dans le grand lit que les femmes lui
avaient installé entre les rangées de balles de
farine, Charles dormait. Il était couché sur le dos,
bras et jambes écartés, juste recouvert d'une couverture de laine légère. Il aspirait l'air par le nez et
le rejetait par la bouche en arrondissant légèrement les lèvres et en faisant « Pfff... »

Suzette enleva son pyjama. Elle avait de petits
seins plantés très haut, ronds comme des oranges,
les hanches plates et un derrière de garçon. Elle
souleva la couverture et se glissa dans le lit. Elle
était une des trois vierges.

. . . .

Lucien Hono, qui l'avait suivie jusque-là sur son
écran, tourna le bouton, éteignit son poste. Il se
leva et se mit à marcher de long en large dans son
petit bureau. Il tenait entre les lèvres un reste de
cigarette dont la fumée lui montait dans le nez et
l'obligeait à fermer l'œil gauche. Il la jeta et
l'écrasa sous son pied. Le front crispé, il s'acharna
sur le mégot. Ainsi tout s'était bien passé comme
il l'avait imaginé... Mais l'expérience n'était pas
terminée, le dénouement pouvait encore le sur-

154

prendre... Eh bien, il allait le provoquer, comme il avait provoqué le début de l'épisode. C'était lui qui avait bloqué la porte du fournil, qui avait déchaîné le vacarme, qui avait fait croire à Cassot qu'un terrible accident venait de se produire, lui qui lui avait menti en lui disant que tous ses compagnons étaient morts. Ils se portaient très bien, en réalité, ils manquaient seulement de pain depuis quelques jours, quatre portes étaient fermées entre eux et le fournil. Mais ils avaient des biscuits...

Chacune des dormeuses fut éveillée par une voix qui murmurait à son oreille : « Il en manque une... Où est-elle ?... Il en manque une... Que fait-elle ? Il en manque une... Où est-elle ?... Il en manque une... Il en manque une... » Elles s'éveillèrent plus vivement que si on les eût inondées d'eau froide, elles sautèrent toutes à la fois à bas de leurs lits, elles répétaient, hagardes : « Il en manque une... il en manque une... », la lucidité leur revenait en même temps que montait en elles une rage rouge. Elles ne cherchèrent même pas à savoir qui manquait. Où elle était, elles le savaient bien, ce qu'elle faisait, elles ne voulaient pas, surtout pas, se le représenter. La porte fut trop étroite pour laisser passer leur ruée, elles se cognèrent les unes aux autres, ce fut un instant de confusion comme devant l'issue d'un cinéma qui brûle, puis elles se trouvèrent toutes dans le couloir et coulèrent comme de la lave vers le fournil.

Le lendemain, quand Lucien Hono eut raconté à M. Gé à quelle expérience il s'était livré en son absence, il le conduisit devant l'écran, tourna le bouton et lui dit : « Regardez ce qui reste du petit boulanger... » M. Gé vit, au pied d'un lit en désordre, un corps sanglant, déchiré, défiguré, émasculé, un horrible mélange d'os et de chairs meurtries et traînées dans la farine parmi les balles crevées...

À quelques pas de là, le pétrin, plein d'une pâte étrangement rose, veinée de traînées rouges. Une main blanche, une petite main de femme, en sortait ouverte comme une fleur.

M. Gé fit une grimace et détourna ses regards de l'écran.

— Vous voyez, dit Hono, comme elles se sont souciées du sort de l'humanité ! Rien que leur besoin de possession exclusive, rien que leur jalousie féroce. Tuer l'homme plutôt que de le partager. Une bande de furies, voilà ce qu'elles étaient...

— Ce sont des Occidentales, dit M. Gé. Elles ont évidemment reçu une bien mauvaise éducation. Elles ont toutes participé à la curée ?

— Non, dit Hono d'un ton bougon, non, à dire vrai, il y en a une qui est restée couchée... Celle-ci...

Il la chercha rapidement dans toute l'Arche. Au passage, M. Gé put voir dans quel état misérable se trouvaient ses pensionnaires. Elles s'étaient instinctivement éloignées les unes des autres, s'étaient enfermées dans leurs chambres, laissées tomber dans des fauteuils. Une d'elles dormait à même le sol, la plupart fumaient, deux ou trois essayaient de lire... Aucune n'avait fait la moindre toilette. À quoi bon maintenant ? Dépeignées, leurs yeux pleins d'un désarroi de bêtes battues, elles paraissaient toutes avoir dépassé la quarantaine.

— Elles regrettent, dit M. Gé.

— Bien sûr, dit Hono, une femme regrette toujours le mal qu'elle s'est fait. Avant de recommencer... Leur remords s'en ira quand elles sauront qu'il leur reste onze hommes... Tenez, la voilà !

Sur l'écran venait d'apparaître un coin de la cuisine. Debout devant un petit réchaud à radar, Irène, nette, rose, calme, ses cheveux bien tirés, les gestes tranquilles, versait de l'eau dans une casserole au manche blanc, laissait tomber un comprimé de café dans une tasse.

— Elle chante ! dit Hono.

« Mon père m'a donné un mari », chantait Irène.

— Hum ! dit M. Gé. Pourquoi celle-ci est-elle restée si calme ?

— Je me le demande, dit Hono.

Il grimaçait. Son inconscient essayait de lui formuler une réponse qu'il refusait d'entendre.

Irène buvait son café, avec une petite moue, car il était très chaud. Mais elle l'aimait ainsi, très fort, très sucré et si brûlant qu'elle ne pût le boire qu'à toutes petites gorgées. Elle reposa sa tasse et sourit, vaguement, d'un coin des lèvres, le regard perdu. Elle venait de retrouver, bien exactement, l'intonation de cette voix qui l'avait réveillée en même temps que toutes les autres : « Il en manque une... Où est-elle ? Que fait-elle ? » Elle avait reconnu tout de suite la voix de ce petit homme étrange, au visage tourmenté, aux cheveux d'enfant : « Où est-elle ? Que fait-elle ?... » Qu'elle fît ce qu'elle voulût, cela lui était bien égal... Pour être aussi irritable, il devait être sûrement, au fond, malheureux.

Elle avait faim, elle ouvrit une boîte de pigeon en gelée. Mais il n'y avait plus de pain.

XXVII

— Maintenant que vous avez vu ce qu'ils valent, dit Hono, vous pouvez continuer votre expérience, si vous en avez toujours envie. Il vous reste onze couples.

— Vous êtes extraordinaire, dit M. Gé. Je n'ai jamais eu l'intention de sauver des saints. Seulement l'Homme. Si toutefois il a envie de se sauver, lui aussi.

— L'Homme seul, dit Hono, peut-être, en effet, ça vaudrait la peine. C'est toujours de la femme que vient le péché. Le mal a commencé le jour où Dieu a donné une compagne à Adam. Sans elle nous serions encore au Paradis.

— Qui sait ? dit M. Gé. De toute façon, dans l'état actuel des choses, il ne nous est guère possible de nous passer d'elle. On est parvenu à donner la vie à des enfants sans père, mais jamais sans mère...

— Mettez une équipe de biologistes à ma disposition, dit vivement Hono, et en dix-huit mois je mets la chose au point ! L'ovule n'est pas indispensable ! Deux cellules reproductrices mâles suffisent si on parvient à les unir et à les nourrir !

Pour la première fois depuis qu'il le connaissait, Hono entendit rire M. Gé. C'était un rire un peu grippé. Il sortait d'un gosier qui n'en avait pas l'habitude.

— Vous voilà encore désireux de remplacer Dieu, dit M. Gé. Enfin, si cela vous amuse... Mais je crains que vous n'ayez pas le temps.

— Où en est la guerre ?

— Finie, ou presque. Vous le savez bien, ce n'était qu'une fausse alerte. Dans quelques jours, je renverrai tous ces jeunes gens. Je regrette que vous vous soyez livré à une expérience de mauvais goût, qui endeuille deux familles...

— Et vous, cria Hono, combien en avez-vous endeuillées ?

— Deux morts, dit M. Gé, c'est beaucoup. Quelques millions, ça ne se compte plus.

Ce n'était, en effet, qu'une fausse alerte. La G. M. 3 allait se terminer sans avoir vraiment commencé. Quand, examinant la photo de la «patrouille», les états-majors se rendirent compte qu'il ne s'agissait que d'une troupe de pingouins, ils ne purent croire un instant que les chefs civils et militaires américains s'y fussent laissé tromper. L'explosion de la première bombe causa un instant de stupeur, suivi d'un grand soulagement. Les pingouins ne fabriquaient pas — pas encore — la bombe atomique. Tout le monde se mit à leur tirer dessus. Le Pôle Nord devint le champ de bataille. Venues de toutes les latitudes, de toutes les longitudes, les fusées porteuses de bombes A, bombes H, bombes P, bombes T s'affrontèrent au-dessus des glaces éternelles en gigantesques explosions.

Au bout de quelques jours la preuve était faite : une telle guerre était impossible. Les Nations s'étaient montré les unes aux autres leur puissance. Chacune savait qu'elle pouvait faire souffrir les autres énormément mais qu'elle n'en souffrirait pas moins elle-même, sans être sûre pour cela, le moins du monde, d'un résultat quant à la Lune. Même si elle s'était déroulée au-dessus des Nations, cette guerre n'aurait jamais été que la guerre des déserts. Civils morts ou vivants, villes debout ou rasées, les soldats, les savants, les laboratoires, les usines restaient à l'abri sous leur matelas de terre. Chaque nation conservait jusqu'au bout ses moyens de tuer, mais ne conservait que cela, qui devenait d'ailleurs inutile, car elle ne trouvait plus rien à tuer devant elle. La bombe atomique était une colossale erreur militaire, à partir du moment où tout le monde en disposait.

Toutes les Nations surent gré aux États-Unis d'avoir pris l'initiative de tirer dans le vide, et quand chacune eut sauvé la face, la République d'Aquiandorra, qui avait été laissée neutre en prévision des échanges de matières premières toujours nécessaires entre belligérants, fut priée de proposer la paix. Les gouvernements firent semblant de se faire un peu prier, puis décidèrent de réunir leurs délégués à Moontown, pour préparer un Traité de Paix Universel. Il s'agissait de trouver rapidement mieux que la bombe atomique, ou d'en revenir à la baïonnette.

XXVIII

Dès la fin des hostilités, les belligérants, qui s'étaient contentés jusque-là de protéger leurs territoires contre les nuages atomiques nés des explosions des bombes, en provoquant des courants aériens qui les entraînaient vers d'autres lieux, unirent leurs efforts en vue de les neutraliser et de les détruire. D'innombrables escadrilles d'avions pulvérisèrent dans l'atmosphère et la stratosphère des corps antiradioactifs, cependant que des fusées en faisaient autant dans les hautes couches, où l'air devient rare et léger comme un souvenir. Toute la rondeur de la terre fut ainsi salée et poivrée après avoir failli rôtir. Mais des phénomènes qu'on n'avait pas prévus se produisirent. Le plus grave fut la fonte des glaces du Pôle Nord.

Sous le choc et la flamme des bombes, les continents de glace de la calotte polaire, bouleversés, pilés, pulvérisés, s'étaient transformés en eaux bouillantes et en vapeurs. Le niveau des océans s'en trouva sensiblement relevé. De l'océan ex-Glacial devenu un chaudron bouillant, une vague partit, ravagea au passage la moitié de la Norvège, submergea l'Islande, s'engouffra dans la mer du Nord. L'Angleterre, une fois de plus, bénit ses falaises. Mais par tous les fleuves, les rivières, les moindres ruisseaux côtiers, le raz-de-marée pénétra à l'intérieur des terres. Londres disparut sous les flots de la Tamise qui remontait à sa source. En France, tous les ponts de la Seine furent emportés jusqu'à Melun, et de Paris n'émergèrent, pendant deux heures, que Montmartre, Montparnasse, les Buttes-Chaumont, la Montagne-Sainte-Geneviève et le Haut-Vaugirard. Puis les eaux se retirèrent. Mais elles demeurèrent sur les côtes basses, sur les plaines alluviales du monde entier. Les continents les plus proches du pôle, et qui formaient barrière à l'expansion des eaux de fonte, furent ceux qui subirent les plus graves dégâts. La Sibérie fut submergée de l'Oural aux monts de Verkhoïansk. Il en fut de même pour la moitié du Groenland, et tout le nord de l'Alaska et du Canada. Mais il n'y eut pas un pays au monde qui ne fût touché par la mise en place du nouvel équilibre des eaux. Encore la vague, heureusement, n'était-elle qu'un mouvement et non un déplacement de l'onde. Les eaux radioactives n'avaient pas eu le temps de quitter les alentours du pôle. Les gouvernements qui n'avaient pas trop à faire chez eux purent se mettre d'accord pour leur opposer rapidement un barrage circulaire d'ondes neutralisantes, à la hauteur du 70e degré de latitude nord.

Il y eut des fuites, inévitables, de même qu'il y eut des nuages qui échappèrent à l'action des avions pulvérisateurs. Des pluies radioactives empoisonnèrent de vastes contrées. Des populations périrent de lèpre et d'anémie atomiques. Mais si l'on ajoutait ces morts aux morts de l'inondation, de la faim, de la peste, de la rapine, de la peur, des transports, on n'en obtenait guère plus de deux cents millions. Et la bombe atomique, par elle-même, directement, n'avait tué personne. En vérité, on ne pouvait dire que la G. M. 3 eût été une guerre sérieuse. M. Gé avait trouvé le mot exact : c'était une fausse alerte.

Évidemment, il fallait refaire la carte du monde. Pour une fois, ce n'étaient pas les frontières politiques que la guerre avait modifiées, mais bien les frontières naturelles que depuis des millénaires les lois de l'univers avaient tracées entre les eaux et les terres émergées. Celles-ci s'étaient vu ronger de toutes parts par la montée des océans, et les pluies torrentielles qui se déversaient sur la plus grande partie de l'hémisphère nord étaient en train de transformer en mers intérieures toutes les plaines basses, et en lacs et en étangs les moindres cuvettes.

Peu à peu, cependant, les Européens survivants essayaient de regagner leurs domiciles. Au sommet des collines, au fond des cavernes où ils s'étaient réfugiés, au fond de la peur où ils s'étaient blottis, ils avaient appris par des rumeurs que la guerre était finie. Ils s'étaient mis en route, qui à pied, qui poussé par un molémoteur sauvé du désastre. Beaucoup encore étaient morts en route, malgré les cantines et les postes de secours installés par les gouvernements aux principaux carrefours émergés. Certains, parvenus après maints détours sur une éminence d'où l'on découvrait d'habitude leur ville ou leur village, ne voyaient plus à sa place qu'une étendue d'eau bourbeuse agitée par la pluie et le vent. Le ciel, colmaté de nuages roussâtres, ne laissait passer en plein midi qu'un petit jour de couleur crème, traversé de pluie. Une chaleur équatoriale régnait sous ce rideau de vapeur. Les graines germaient et perçaient le sol en deux jours. Dans la boue poussaient des plantes géantes, aqueuses, qui pourrissaient avant d'avoir porté fleur. Des légions de moustiques vrombissaient entre les gouttes d'eau. Des forêts de pins coulaient sur les pentes des montagnes, s'effondraient en fumiers dans les vallées. Les bois de Boulogne, Vincennes, Fontainebleau, Clamart, toute la verte ceinture de Paris avait perdu ses feuilles. Les champignons recouvraient le sol, montaient à l'assaut des troncs et des branches. La Seine, qui coulait maintenant de la Madeleine aux Invalides, charriait des nappes d'algues rousses...

Malgré tout, la vie reprenait. Grâce aux molémoteurs, chaque appartement immergé continuait à jouir de la lumière et de l'eau potable. Des convois de cargos aériens apportaient de l'hémisphère sud, qui n'avait souffert que sur ses côtes, les vivres nécessaires aux populations éprouvées. Le Sahara, fertilisé par les pluies, devint un jardin qu'on se hâta de cultiver avec une main-d'œuvre réduite. Des charrues à cent socs, tirées par des molémotrices, traçaient des sillons de mille kilomètres sur lesquels des avions répandaient la semence.

En Europe, les gouvernements s'efforçaient de rétablir l'optimisme, en faisant état de la vague de solidarité qui succédait à la guerre, et du Congrès pour la Paix Universelle qui allait commencer ses travaux à Moontown. Les plus puissants moyens de propagande, remis en place, discours criés par des bouches de fer sur les places publiques, radio, télécinéma, journaux, affiches, répétaient sans cesse ces deux mots : « Paix Universelle... Paix Universelle... » Les journaux avaient décidé, à l'occasion de cet événement, de laisser vraiment, et une fois pour toutes, la première page aux titres. Les articles, on les mettrait à l'intérieur, où on pourrait. Le lecteur s'arrangerait bien pour les trouver.

L'affiche de la Paix, répandue dans le monde entier, représentait une colombe aux ailes déployées, tenant en son bec les trois lettres O. N. U. Selon la place dont elle disposait, tout le mur d'un immeuble ou un petit coin dans une vespasienne, la colombe avait la taille d'un papillon, d'un mouton, d'un bœuf ou d'un mammouth, mais jamais celle d'une colombe. Les aliments du Sud arrivaient dans du papier paraffiné imprimé d'un semis de colombes pas plus grandes que des mouches, bleues. Ce qui donnait la nausée à certains myopes. Les ministres à la tribune, les prêtres dans les chaires, les fonctionnaires à leurs guichets, les commerçants avec leurs clients, les voyageurs dans les cabines stratosphériques, ne parlaient que d'un seul sujet : la Paix Universelle. Mais les vieux Européens se souvenaient d'avoir déjà entendu ça. Certains disaient que cela ressemblait beaucoup à la Paix éternelle. Ils n'en continuaient pas moins de faire, les pieds dans l'eau, les gestes nécessaires pour vivre.

Peu à peu, cependant, les nuages qui pourrissaient l'Europe s'éclaircissaient. La pluie n'était plus qu'intermittente. Un jour, un rayon de soleil perça la voûte de vapeurs et balaya Paris en diagonale, faisant miroiter, au passage, le visage de la Seine autour des jambes de la Tour Eiffel. Tous les Parisiens qui se trouvaient dans les rues s'agenouillèrent dans la boue à demi séchée, et, confondant, par un réflexe ancestral, la source de toute vie avec Celui qui l'a créée, remercièrent dans leur cœur un Dieu au visage de lumière.

XXIX

Irène était rentrée chez elle en canot à moteur. Dès qu'elle eut mis le pied sur le bord de la fenêtre de l'entresol, qui servait de porte d'entrée à l'immeuble, elle oublia toute son aventure. À la troisième marche de l'escalier au-dessus de l'eau clapotante, elle ne se souvenait même plus du véhicule qui l'avait ramenée. Mais alors que dans l'Arche elle ignorait ce qui se passait dans le monde, depuis qu'elle en était sortie elle en savait autant que n'importe quel Parisien sur les épreuves que l'humanité venait de traverser. C'était là le travail des mystérieux appareils de M. Gé. Celui-ci avait renvoyé chez eux tous ses pensionnaires. Le Té était en partie inondé, mais l'Arche, à l'abri des fléaux, n'avait subi aucun dégât.

La joie de Mme Collignot, au retour de sa fille, fut quelque chose qui dépassa l'ordre de grandeur habituel des émotions humaines, pour atteindre au plan cosmique. Elle fut vraiment soulevée, transportée par une lave intérieure qui la transforma en quelques minutes, comme le printemps transfor-

168

merait la nature hivernale s'il pouvait être instantané. Non seulement elle ne voulut plus se souvenir des épreuves passées, mais elle riait de celles qu'il fallait encore supporter. Elle était devenue guillerette, légère comme un ballon. Elle traversait l'appartement en courant sur la pointe des pieds. Elle chantait. De retour du marché, toute trempée, elle s'ébrouait comme un jeune chien qui batifole après son premier bain. Parfois, en tournant une sauce, devant son fourneau, elle se mettait à rire si fort qu'elle était obligée de retirer sa casserole de la plaque chauffante et de s'asseoir. Ses deux filles étaient revenues, ses deux filles étaient là, il y avait vraiment de quoi se réjouir, de quoi éclater de joie et d'amour. Elle en aurait volontiers fait encore deux ou trois sur-le-champ, pour pouvoir aimer et se réjouir encore davantage. Elle ne se sentait plus vieille du tout, elle était jeune de la jeunesse d'Irène et de celle d'Aline, elle aurait voulu avoir un nourrisson à bercer, dorloter, laver, poudrer, bichonner, embrasser, un nourrisson souriant, rageur, affamé, accroché des deux mains à son vaste sein. Mais elle savait bien que cela ne lui était plus possible, et d'ailleurs M. Collignot venait de partir pour Moontown. Elle espérait qu'Irène se marierait bientôt, et qu'elle lui donnerait beaucoup de petits-enfants. Et puis ce serait le tour d'Aline. Elle aurait des petits-enfants à soigner, comme ça, jusqu'à sa mort.

Lorsqu'elle avait demandé à Irène d'où elle venait, ce qu'elle avait fait, si elle avait beaucoup souffert, si elle avait eu très peur, Irène s'était étonnée de ne rien trouver à lui répondre. Elle

avait ouvert la bouche pour dire : «Je viens de...»,
mais elle s'était aperçue, avec une stupeur un peu
effrayée, qu'elle n'avait rien à dire. Et pourtant,
elle n'avait pas précisément un trou dans la
mémoire. Tout ce qui s'était passé pendant son
absence, elle le savait. Il y avait les scènes qu'elle
croyait avoir vues elle-même, et celles dont elle
avait l'impression qu'on les lui avait racontées, et
ce qu'elle avait lu dans les journaux, entendu à la
radio. Tout cela formait un film parfaitement cohé-
rent, mais le personnage principal, elle-même, n'y
figurait pas.

Sa mère n'insista pas. «Ma pauvre chérie, dit-
elle, tu fais de l'amnésie. Ça n'a rien d'étonnant,
après tout ce qu'on a passé. Il y en a qui sont devenus fous...» Peut-être n'était-elle pas tout à fait
convaincue, mais vraiment, qu'Irène ne voulût pas
lui dire d'où elle revenait, quelle importance cela
pouvait-il avoir, puisqu'elle était revenue ?

Irène trouva l'explication satisfaisante et fut la
seule à y croire vraiment. Elle était en trop parfait
état, elle jurait trop par son teint vermeil parmi les
visages verdâtres des Parisiens, pour ne pas susciter des questions. Et quand elle répondait « amnésie », les gens attendaient qu'elle eût tourné le dos
pour cligner de l'œil.

Aline était persuadée que sa sœur avait vécu
quelque merveilleuse aventure dont elle voulait
garder le secret. Bien entendu, avec un homme.
Riche, puissant et beau. Elle se promettait d'inter-
roger Irène. Peut-être entre sœurs, entre femmes...

170

Mais Irène ne semblait pas la considérer comme une vraie femme, elle la traitait encore en gamine.

Paul commençait à oublier son chagrin. Il rendait des services à Mme Collignot, courait dans Paris, rafistolait les appareils électriques ménagers que l'humidité détraquait, épluchait les légumes.

Mme Malosse était miraculeusement revenue d'Auvergne. Elle avait retrouvé toute sa vaisselle submergée, mais intacte.

La Seine, lentement, regagnait son lit. Une bonne moitié des Parisiens étaient morts, mais Paris vivait, l'Europe vivait, le Monde vivait.

À Moontown, le Congrès de la Paix Universelle occupait dix étages de la ville métallique. Les travaux avaient commencé. On pensait qu'il ne faudrait pas plus d'une dizaine d'années pour nommer les différentes commissions et sous-commissions, définir leurs attributions et fixer le programme de leurs travaux. M. Collignot, prêté par l'Unesco, avait été nommé directeur général du bureau des interprètes des langues occidentales. Chaque nation participante lui versait une indemnité. Il touchait en plus une indemnité de résidence, une indemnité pour charges de famille, une indemnité de séparation, une indemnité d'expatriation, une indemnité de séjour, une indemnité africaine, une indemnité tropicale, une indemnité d'habillement, une indemnité de doubles-vivres, une indemnité de douches et tabac, une indemnité d'âge, une indemnité de plumes et papiers, une indemnité de machine à écrire, une indemnité de chaussures et une indemnité de désinsectisation.

Il continuait, d'autre part, à toucher ses appointements de l'Unesco, et le tout faisait une assez jolie somme. Si bien que M. Collignot, le plus honnête homme qu'on pût imaginer, en venait tout doucement à souhaiter que la Paix Universelle ne fût pas trop rapide à s'établir...

Il avait pu parler à Irène au télécran, et de la voir si tranquille lui avait réchauffé le cœur. Il se disait qu'il était vraiment favorisé d'avoir une si brillante situation et une famille intacte après ces événements. Il faisait tout ce qu'il pouvait pour justifier cet argent qu'on lui donnait, cette chance qui avait protégé les siens. Il travaillait douze heures par jour, mais les heures supplémentaires lui étaient comptées et payées triple. Alors il emportait du travail dans sa chambre, il traduisait en dormant les conversations, les affiches, les cris, les chants d'oiseaux, le vent, le jour et la nuit, le monde entier.

XXX

À la fin d'une séance de nuit, le délégué de la France proposa qu'avant tous travaux et toutes nominations de commissions, les nations présentes fissent sur-le-champ le serment, par la personne de leurs délégués, de faire procéder sans délai au désamorçage et à la destruction de toutes les bombes atomiques qu'elles possédaient encore. « La France commencera dès demain à les dévisser ! », s'écria-t-il. Sa proposition fut adoptée par acclamations. Au milieu d'un enthousiasme délirant, les délégués se succédèrent à la tribune pour prêter serment. Ce fut une nuit historique. Elle fut désignée dans les comptes rendus sous le nom de « Nuit du dévissage ». On n'avait pas juré, bien entendu, de ne pas continuer à fabriquer d'autres bombes, ni de détruire les usines d'où elles sortaient. Il fallait bien que chacun fût à même de faire face à un réarmement éventuel de ses voisins. Mais personne ne remit les usines en marche. En vérité, la bombe atomique avait causé la mort de deux cents millions d'individus, sans profit pour aucun des belligérants. À la guerre, les seules morts glorieuses sont celles qui sont utiles, c'est-à-dire celles dont l'accumulation finit par donner un résultat : la victoire, ou la défaite qui prépare la revanche

On avait pendant quelque temps oublié jusqu'à l'objet de ce conflit raté : la Lune. Les peuples, tout au moins, l'avaient oubliée, et particulièrement ceux de l'hémisphère nord, tout occupés de leurs souffrances, et d'ailleurs séparés d'elle par des nuages qui ne se laissaient traverser d'aucun rayon nocturne. Mais les économistes veillaient. Elle était sur leurs tablettes, et ce n'était pas une guerre ou un déluge qui pourrait l'en déloger.

Aussi l'Amérique du Nord avait-elle à peine commencé de panser ses plaies qu'elle annonçait la reprise des travaux de construction de la fusée géante qui devait emporter et déposer sur la Lune un groupe de savants, et les ramener. Et pour éviter que cette expédition pût de nouveau provoquer des heurts de susceptibilités et d'intérêts, l'Amérique offrait la fusée à l'O.N.U. et lui demandait de prendre en charge l'organisation et la direction de la mission.

Dans le même temps, l'Angleterre offrit à l'O.N.U. trois étages de Moontown et le Civilisé Inconnu.

La Russie offrit à l'O.N.U. dix hectares de rochers au sommet du Pamir, pour y installer une base de départ.

Deuxième partie

XXXI

Le Pôle Nord s'était refroidi beaucoup plus vite qu'on n'aurait pu l'espérer. Les géologues avaient bâti en très peu de temps des théories fort judicieuses et d'après lesquelles on pouvait craindre que non seulement il ne se refroidît pas, mais qu'il continuât à se réchauffer.

Les faits semblèrent tout d'abord leur donner raison. Une fois la pluie arrêtée, les nuages disparus, un ciel brûlant pesa sur la moitié nord du monde. Les quelques Esquimaux qui avaient survécu aux inondations périrent d'insolation, les Norvégiens et les trappeurs du grand Nord canadien durent abandonner leurs skis pour chausser des espadrilles de corde, les couturiers parisiens lancèrent la mode des seins nus et de la jupe à mi-cuisses, les Français fortunés partirent en villégiature sur la Côte d'Azur pour trouver un peu de fraîcheur. Les ours blancs, les phoques, les pingouins émigrèrent vers l'Équateur et périrent en grand nombre au cours de leur voyage. Par des itinéraires compliqués, les lions, les éléphants, les chacals, les girafes, les tigres envahirent l'Europe. On vit un beau jour une famille de crocodiles s'ébattre sous le Pont des Arts. Les fermiers beaucerons commençaient à tirer des plans pour planter l'ananas, l'arachide et le caféier.

Mais l'équilibre habituel des climats se rétablit au cours de l'hiver qui suivit la G. M. 3. Quand le soleil polaire se coucha pour six mois, les eaux un moment libérées se figèrent de nouveau dans leur immobilité minérale et la neige recommença de tomber sur les sombres étendues. Les Norvégiens rechaussèrent leurs skis, les Parisiennes rallongèrent leurs jupes et sortirent leurs fourrures, les Français fortunés demeurèrent sur la Côte d'Azur, mais cette fois pour y avoir chaud.

Ce qui avait été le plus à craindre, c'était une brusque modification de l'équilibre du globe terrestre, provoquée par la disparition de l'énorme poids des glaces accumulées au Pôle. La Terre aurait pu basculer, tourbillonner quelque temps sur elle-même et peut-être sortir de son orbite avant de trouver une stabilité nouvelle. En réalité, il s'était bien produit un léger commencement de rotation du nord vers le sud et du sud vers le nord, mais il s'était arrêté aussitôt et se traduisait par une modification des latitudes tellement infime que les savants se disputaient déjà à son propos sur des millièmes de degré. Le monde matériel s'affirmait plus solide que ne l'avaient craint les prophètes de malheur. Les hommes, rassurés, pouvaient continuer à s'amuser avec lui.

La civilisation atomique reprit de plus belle sa marche en avant. En quelques mois, les ruines furent rasées, déblayées, remplacées par des villes neuves. La plupart des villes nouvelles affleuraient à peine à la surface du sol[1]. Les maisons d'habitation, les usines, les édifices publics, étaient enfoncés dans la roche, le sable ou l'argile. Les fouisseuses atomiques avaient creusé à une vitesse fabuleuse les emplacements des nouvelles cités. Avec les terres de déblaiement on avait édifié des collines boisées, parsemées de bungalows vieillots, construits dans le style ancien pour les week-ends. Grâce aux molémoteurs ménagers ou collectifs, les villes enterrées que leur situation mettait à l'abri des caprices des saisons, jouissaient d'une lumière constante, d'une température qui variait au moindre caprice des habitants de chaque appartement, d'un air purgé de ses poussières aux portes même de la ville. Enfin elles se trouvaient à l'abri des bombardements éventuels. Bien sûr, on venait d'entrer dans l'ère de la Paix Universelle, mais tout de même il valait mieux se montrer prévoyant...

M. Gé craignait que la paix durât assez longtemps pour permettre à l'industrie de guerre de faire des progrès qui mettraient en péril même l'Arche enterrée. Il venait de charger Lucien Hono

---

1. Voir *Cinéma Total* (Denoël) et *Les Enfants de l'Ombre* (Le Portulan).

d'une nouvelle tâche. Celui-ci, en ricanant, s'était mis au travail. M. Gé n'était pas certain du tout de persister dans son désir de sauver l'humanité de la destruction complète. Mais il voulait, éventuellement, être prêt à le faire.

XXXII

M. Collignot acheta un hélicoptère à réaction, payable en quatre ans. En cas d'accident entraînant la mort de l'acheteur avant que la dernière traite fût échue, c'était l'assurance qui payait le solde dû au vendeur. Mais les compagnies d'assurances jouaient sur le velours. Il n'y avait pratiquement plus d'accidents. Les machines volantes étaient construites en matériaux incombustibles. Les molémoteurs, en supprimant les réservoirs d'essence, avaient d'ailleurs supprimé tout danger d'incendie. En cas d'avarie au moteur ou à la cellule, un parachute s'ouvrait et déposait en douceur sur le sol l'appareil et ses occupants. Tout ce qui pouvait se produire, c'était une désintégration inopinée de la petite réserve de carburant atomique. Mais comme, dans ce cas-là, il ne restait aucune trace de l'avion ni de ses passagers, les familles ne parvenaient pas à faire la preuve de l'accident et l'assurance ne payait rien.

S'il avait dû conduire lui-même son appareil, M. Collignot n'aurait jamais fait une telle acquisition, car il n'était pas capable de diriger même une bicyclette, mais un train de radar venait d'être mis en service entre Paris et Moontown, et il n'avait qu'à s'asseoir dans son appareil, appuyer sur un bouton et s'en remettre au guidage automatique. Une heure et seize minutes plus tard, il était déposé devant sa porte. L'abonnement au radio-guidage était assez cher, mais maintenant il pouvait se permettre une telle dépense qui l'assurerait de coucher chez lui chaque fois qu'il n'était pas retenu par une séance de nuit. Celles-ci malheureusement se multipliaient, car il y avait beaucoup à faire. Et aussi peut-être parce que les délégués touchaient double indemnité chaque fois qu'ils délibéraient après dix heures du soir, et quadruple après minuit.

Aline avait appris à reconnaître le bourdonnement de l'appareil de son père parmi les milliers de bruits, pétaradants, grondants, hululants, glapissants, qui emplissaient le ciel de Paris. Dès qu'elle l'entendait, elle se précipitait à la fenêtre, lui envoyait des baisers tandis qu'il descendait devant elle, doucement. De l'intérieur de sa cabine de plastec illuminée, M. Collignot, souriant, lui faisait un signe gentil de la main. Le petit hélicoptère cherchait une place libre le long du trottoir, se posait comme une mouche, et, son occupant sorti, repartait à vide vers le garage. Aline était déjà dans les bras de son père.

À quinze ans passés, elle venait de redoubler sa quatrième. Tous les garçons et filles de sa génération avaient d'ailleurs le même retard dans leurs études. Non seulement du fait des interruptions provoquées par la guerre, mais aussi parce que les programmes changeaient plusieurs fois en cours d'année. La physique et la chimie faisaient des progrès si rapides que la vérité d'un jour se trouvait souvent fausse la semaine suivante. Les professeurs n'étaient pas très sûrs non plus de la nouvelle orientation qu'il convenait de donner à l'enseignement de l'histoire. Selon le parti au pouvoir, la Civilisation commençait à la mort du Christ, à l'avènement des Capétiens, ou à la prise de la Bastille, et telle victoire devenait interdite si elle n'était pas d'accord avec la doctrine. Aline, plutôt qu'aux textes qu'on lui proposait, s'était fiée aux illustrations. Car, chaque fois qu'ils se trouvaient obligés de modifier les manuels, les éditeurs, pour réduire les frais de fabrication, conservaient les mêmes clichés. Ils se contentaient de changer les légendes. Ainsi, sous la même photographie d'un militaire, Aline avait pu lire successivement les mots de « sauveur de la France », « traître », « père de la patrie », « usurpateur », « martyr ». Aussi avait-elle décidé de ne s'en tenir qu'aux images, d'aimer ceux qui étaient beaux et de honnir les autres.

Seules les mathématiques, qui ne reposent sur rien, n'avaient subi aucune atteinte et continuaient à servir aux savants d'instrument de progrès.

Il restait aussi la poésie. La dernière école poétique était celle des apocalypsiens. Ayant rejeté le vers, puis la phrase, le mot et la lettre, ils avaient honni jusqu'au son et ne reconnaissaient comme moyen d'expression que les bruits. Leur lyre était un instrument de poche dérivé de l'orgue électrique et au moyen duquel ils pouvaient émettre des gémissements et des hurlements de foules, des entrechoquements de montagnes, des bris de plaines.

En dehors de ces génies, il y avait les adolescents qui cherchaient encore, en l'honneur de leurs amours, la rime riche. Paul avait mis près d'un mois à rédiger un sonnet dont les premières lettres de chaque vers, mises à la suite, répétaient le titre. Et ce titre était : « Mon Aline chérie. » Il s'était bien gardé de le lui montrer. Elle était avec lui brutale et moqueuse comme une sœur. Il s'efforçait de se conduire avec elle à la façon d'un frère. Mais comme c'était difficile ! Comme il eût aimé s'age-nouiller devant elle et lui dire mille choses ayant trait à ses yeux et aux étoiles, à ses cheveux et à la nuit, à ses mains et à la pâle marguerite, à sa démarche et à la danse des flammes, à sa voix et au chant du rossignol ! Lui dire qu'elle était plus belle et plus douce que le ciel, et le printemps, et les oiseaux, et les fleurs, plus belle que la rose, et la mésange, et le ruisseau qui court entre les pri-mevères, plus douce que la brise qui se lève et le jour qui s'éteint... Lui dire qu'il eût aimé s'endor-mir à côté d'elle, dans son parfum et sa tiédeur, sa main sur sa main, et mourir...

Mais elle lui disait : « Alors, vieille noix, ça va ? » et lui donnait un coup de poing.

Elle était presque aussi belle qu'il la voyait. Noire, mince, nerveuse, brillante comme une jeune pouliche nourrie de l'herbe nouvellement poussée. Et joyeuse d'être. Elle avait perdu toutes ses angoisses, ne se souvenait même plus des crises nerveuses qui avaient marqué l'abandon de son âge de fillette. Après l'épouvante qu'elle venait de traverser avec le monde, il lui était venu une joie physique, prodigieuse, de se retrouver vivante et de se sentir pousser de toutes parts. Elle ne perdait pas une occasion de rire, et riait même quand l'occasion ne s'en présentait pas.

Mme Collignot, quelques semaines après le retour d'Irène, avait recommencé à se plaindre de tout. C'était sa façon de prendre une assurance contre le malheur, en faisant semblant de ne pas croire à son bonheur.

Irène avait quitté le ministère. Elle avait reçu un jour une offre de travail de l'administration du Té. Un certain M. Hono l'avait prise comme secrétaire particulière. Elle avait eu l'impression, en s'asseyant devant lui pour la première fois, de l'avoir déjà vu quelque part.

XXXIII

Un jour, Aline demanda à son père de l'emmener à Moontown. La ville d'acier commençait déjà à faire un peu démodé, à prendre un visage de grand-mère, de Tour Eiffel. Mais quel enfant résisterait au désir de monter à la Tour ? Et chez Aline, la curiosité de la femme qui naissait s'ajoutait à celle de la fillette qui n'était pas encore tout à fait morte. Les villes enterrées ne disaient rien à son imagination, elle n'avait pas envie de les connaître, pas plus que de visiter une taupinière. Mais Moontown, c'était la Tour de la Lune, le Beffroi dans la Forêt Vierge. Et c'était aussi le haut lieu où travaillait son père et où se fabriquait la paix du monde.

M. Collignot accepta. Il venait de passer le dimanche à Paris. Il devait repartir le soir même pour être présent, avant l'aube, à la première séance de la pré-commission de simplification de la ponctuation dans la rédaction de la description des discussions de formation des commissions.

— Tu veux venir aussi, Paul ? demanda-t-il.

Paul, dont le cœur était devenu comme un maré-
cage à l'idée de passer un jour ou deux sans voir
Aline, fit «oui» de la tête sans oser dire un mot,
tant il se sentait le gosier serré et prêt à laisser passer des sons étranges.

La cabine étanche du petit hélicoptère n'était
prévue que pour deux passagers, mais chacun disposait d'un fauteuil confortable. M. Collignot s'assit dans l'un, Paul et Aline dans l'autre. M. Collignot appuya sur le bouton du départ, la porte glissa
doucement, les verrous s'enclenchèrent, bloquant
les joints. L'appareil était déjà au-dessus des toits.
Il s'élevait à la verticale au-dessus de Paris illuminé. M. Collignot avait ouvert sa serviette et, à la
lueur d'une petite lampe fixée au bras de son fauteuil et qui n'éclairait que ses genoux, il relisait ses
notes. Il se proposait de suggérer au représentant
de la France, aussi fermement que le lui permettait son expérience de linguiste, de défendre l'existence de la virgule. Ce signe modeste faisait partie
du génie humain. Mille subtilités d'expression et
une grande clarté de pensée risquaient de disparaître avec lui. En se posant en défenseur de la virgule, la France défendait la vieille civilisation occidentale, et son prestige au sein de la conférence ne
pouvait que s'en voir augmenté.

Il avait passé son dimanche à préparer un dossier qu'il comptait donner au délégué français
avant l'ouverture de la séance.

Aline, penchée en dehors de son siège, regardait, à travers le plancher transparent, la galette
lumineuse de Paris, d'abord étendue jusqu'aux

horizons, se rétrécir peu à peu, s'estomper sous une brume rose et dorée, à laquelle se superposait le mouvant entrelacs des feux de bord des appareils de toutes dimensions.

Les voyageurs de courte, petite, moyenne, longue et grande distance ne pouvaient pas dépasser l'altitude fixée à leur catégorie, respectivement mille, deux mille, trois mille, dix mille et vingt mille mètres. Les ondes directrices les tenaient accrochés à leur plafond.

Aline n'était jamais montée si haut. Elle s'enfonça dans le fauteuil en frissonnant un peu. Paul la sentit tout entière, de la cheville à l'épaule, contre lui. Bien serrée, chaude, et dure, et douce contre lui. Elle soupira et lui demanda à voix basse : « Tu as vu ? » Il murmura « oui ». Ce qu'il avait vu, ce n'était pas la ville en son habit de nuit, s'enfonçant vers les ténèbres à une vitesse de fusée, la ruée tourbillonnante des feux plongeant vers le sol, le désert doux des nuages, ce qu'il avait vu, c'était Aline. Il n'avait regardé qu'elle, son visage penché, tendu vers le monde quitté, ses traits ourlés d'or par le reflet de la lampe, ses yeux passionnés, si grands ouverts que toute la nuit y brillait, ses lèvres rouges entrouvertes, son front pâle au-dessus duquel il n'y avait plus que les étoiles.

Bien que l'air de la cabine fût climatisé, M. Collignot avait étendu sur les genoux des enfants une légère et chaude couverture. Lui-même sentit un peu de froid, rangea ses papiers, se couvrit et éteignit. La cabine transparente se trouva dissoute dans la nuit. Le ciel était noir. Les étoiles s'étageaient dans la densité des ténèbres, depuis celles qui semblaient possibles à cueillir de la main jusqu'à d'autres que l'on apercevait tout au fond de l'univers. Toutes brillaient avec une pureté si nette qu'on les eût dites à l'instant jaillies de l'eau d'un torrent dans laquelle elles s'étaient lavées pendant mille siècles. On voyait la Lune bien ronde, avec un peu moins d'une moitié éclairée et le reste couleur de cendres.

Au-dessous de l'appareil ne subsistait plus rien de visible, rien dans le vide noir. Aline reporta ses regards devant elle, au-dessus d'elle, autour d'elle. parmi l'infini des mondes semés. Elle murmura : «Nous sommes dans le ciel.» Paul répéta : «Dans le ciel.»

Il touchait Aline avec tout son corps, mais retenait ses deux mains bien serrées entre ses genoux. Alors, parce qu'ils étaient au milieu des étoiles il osa dégager sa main et chercher celle d'Aline. Il la trouva, douce, détendue, posée entre la laine chaude de la robe et celle tiède de la couverture. Douce, vivante, innocente et si nue, que des larmes montèrent à ses yeux.

Aline, étonnée, se tourna vers lui. Il lui avait souvent serré, frappé, tordu les mains au cours de leurs jeux. Mais cette main blanche qui se posait et cette main blanche qui recevait, sous le secret de la couverture et de la nuit, n'étaient plus des mains d'enfants. Elle se tourna vers lui, et sur son visage éclairé par les étoiles, elle vit qu'il était prêt à mourir ou à vivre d'elle. Elle se sentit tout à coup baignée de chaleur.

Elle ferma les yeux. Elle sut combien elle était serrée contre lui. Elle se fit plus petite, lourde, pour se serrer davantage, posa sa tête sur l'épaule qui s'offrait, tourna lentement sa paume ouverte vers la main qui n'osait la prendre. Elle sentait l'épaule où elle était posée ébranlée par les battements du cœur. Elle remua la tête, un peu, pour la caresser de sa joue. Paul se pencha, posa ses lèvres sur les cheveux frais comme de l'herbe. Une larme coula le long de son nez, glissa sur les cheveux lisses, brilla d'un rayon d'étoile et se perdit. M. Collignot sommeillait. Dans un bourdonnement d'abeilles, l'appareil emportait parmi les étoiles un bonheur plus grand qu'elles. Ils ne parlaient pas, ils ne bougeaient pas, sauf pour se serrer encore davantage, ils ne savaient plus quelles étaient de leurs deux mains la sienne et l'autre, ils ne savaient plus où commençait et finissait leur propre corps, ils respiraient d'un même souffle, les battements de leur sang s'ajoutaient, s'unissaient et se désunissaient, leurs pensées n'étaient qu'une, une pensée sans mot, présence de leurs corps et de leurs esprits confondus. Ils avaient chaud, ensemble, en eux et autour d'eux. Ils étaient déracinés des jours de la Terre, arrachés d'un coup à leur enfance, à la fois bouleversés, un peu tremblants, et sûrs...

Très bas, un énorme soleil rouge se leva d'un bond sur la rive d'un nuage de pourpre. Sa lumière les enveloppa de gloire. Au-dessus d'eux, dans le ciel toujours noir, aucune étoile n'avait pâli.

— Hum ! J'ai un peu dormi, dit M. Collignot.

Aline et Paul éclatèrent de rire, d'un rire qui délivrait leur joie et scellait leur secret.

— Eh bien! eh bien! dit M. Collignot. Qu'est-ce qu'il y a? J'ai ronflé?

Aline se glissa hors de son siège, vint s'asseoir sur les genoux de son père, lui mit les bras autour du cou sans cesser de rire, l'embrassa sur le nez, sur les joues, sur le menton, sur les oreilles.

Paul, bien enfoncé dans son fauteuil, regardait Aline, comprenait vaguement que par ses baisers elle demandait pardon à son père qu'elle aimait et qu'elle venait de quitter maintenant pour toujours. Et qu'en même temps elle le trahissait encore, car ces baisers étaient tous ceux qu'elle aurait voulu lui donner à lui, Paul.

L'appareil plongeait vers les nuages. Le soleil plongeait en même temps que lui. Il se recoucha avant que l'hélicoptère se posât sur le balcon d'atterrissage de l'appartement de M. Collignot.

De tout ce qu'ils virent dans cette journée, les deux adolescents gardèrent des souvenirs confus. Ils avaient surtout pensé à se regarder, à se toucher la main derrière le dos de M. Collignot, à se sourire. Les spectacles du monde n'avaient plus d'importance depuis qu'ils s'étaient trouvés.

Malgré tout, la visite au Civilisé Inconnu les frappa d'étonnement. La foule était admise à le contempler, tous les jours, de cinq à sept, à travers la protection d'une triple vitre, par groupes de cent personnes toutes les dix minutes.

— Chut! dit M. Collignot à Aline qui riait.

Lui-même prit un air recueilli, comme s'il entrait

dans une église. Ils se trouvaient en réalité dans une pièce carrée, nue, grande comme une gare. Un de ses murs était de plastec incassable, transparent, épais de trente centimètres. Il dominait la perspective intérieure de Moontown. Mais la vue, pour le moment, n'allait pas plus loin que le mur. C'était en effet l'heure de la tornade. Sous ce climat, les techniciens du service du temps ne pouvaient pas empêcher la pluie de tomber au moins une heure sur douze. Mais ils choisissaient cette heure en accord avec le Conseil Supérieur de la Ville, de façon qu'elle gênât le moins possible les diverses activités de ses habitants. Un bouillonnement d'eau déchiré de vent emplissait le ciel, frappait le mur, s'y réduisait en torrent vertical, collant parfois sur la vitre une palme tordue, ou le plumage écartelé d'un grand oiseau multicolore, aussitôt emporté.

Aline, un peu frissonnante, prit la main de son père et tourna les yeux vers Paul. Celui-ci dessina de ses lèvres un baiser puis un sourire. Aline le remercia en baissant les paupières.

Les trois autres murs étaient de métal brut, couleur de sable. Dans celui qui faisait face à la vitre, s'ouvrait une haute et large porte masquée par un rideau brun-rouge qui tombait en plis de théâtre. La surface des deux autres était presque entièrement couverte par deux tapisseries de Lurçat représentant le Jour et la Nuit.

Un coup de gong moelleux retentit dans la pièce, le rideau glissa, un portier apparut, vêtu de rouge, coiffé d'un bonnet de grenadier d'Empire. Il fit un large geste du bras, invitant l'assistance à franchir la porte. Il y avait là des hommes de toutes langues, des fonctionnaires, des délégués, des habitants de Moontown, commerçants, rentiers, savants, avec leurs familles. Tous silencieux.

Aline, entraînant son père, se faufila parmi les premiers. Elle se trouva dans une salle plus grande encore que la première et désormais ne vit plus que Lui. Il était assis sur un trône d'or, en haut de douze marches de marbre blanc. Un manteau de pourpre et d'hermine brodé de mesons d'or s'agrafait autour de son cou et retombait en nobles plis jusqu'au milieu des marches, ne découvrant qu'un genou et ses avant-bras et ses mains immobiles posées sur les accoudoirs.

Les glaces qui le séparaient du public étaient légèrement bombées et leur intervalle empli d'un gaz à indice de réfraction modifié de telle sorte que l'ensemble formât une loupe derrière laquelle le Civilisé Inconnu apparaissait d'une taille gigantesque.

Il gardait l'immobilité d'un Dieu. Aucun frémissement sur ses traits, pas un geste d'un doigt. Il regardait droit devant lui, de ses yeux d'un bleu franc comme on en voit aux poupées pour petites filles riches. Un projecteur disposé derrière lui glissait de la lumière dans les boucles dorées de ses cheveux. Tous les vieillards tordus, tousseux, à la peau grise, aux jambes maigres, toutes les femmes affaissées, le regardaient en se disant que leur monde était bien fini, et que le jour où la Terre ne serait plus peuplée que de tels apollons, elle ne serait pas loin de ressembler au paradis.

Cependant un haut-parleur, à voix discrète, mettait les visiteurs au courant des derniers progrès réalisés dans l'éducation et la direction du modèle des hommes de demain. Il rappelait que le but poursuivi dans cette entreprise était de dégager et d'appliquer les règles pratiques du bonheur. Les savants de l'O.N.U., qui s'étaient joints à ceux de l'ancienne équipe, avaient donné à leurs travaux une impulsion nouvelle. Partant de ce principe que tout mouvement dit effort, dit douleur, que toute sensation dit attention, dit réaction, dit douleur, que toute fonction organique dit dérangement possible, dit maladie, dit douleur, ils avaient vidé le Civilisé de tous ses organes fragiles et les avaient remplacés par des appareils en plastec, substitué à ses os putrescibles une charpente en acier inox, à sa chair du caoutchouc mousse, à sa peau une enveloppe de nylon, à ses nerfs des fils de platine, à son cerveau des lampes d'or.

Désormais, pour toujours immobile sur son trône, le Civilisé fixait son avenir indolore de ses yeux électriques qu'aucune larme ne viendrait plus embuer.

— Maintenant, dit le haut-parleur, je lui laisse la parole. Il va vous dire l'essentiel de sa pensée.

Aline prit à deux mains le bras de son père et se serra contre lui. Elle regardait le visage du surhomme, les cent visiteurs regardaient ce visage, voyaient un imperceptible sourire se dessiner aux coins de ses lèvres, ces lèvres s'entrouvrir sur des dents éclatantes, puis remuer...

Une voix grave, bouleversante, emplit la salle. Trois mots. Il avait dit :

— Je suis heureux...

À ces paroles succéda une cascade de trilles de rossignol. Puis le Civilisé referma ses lèvres.

— Grâce à son larynx électronique, reprit la voix du haut-parleur, le Civilisé est capable de s'expliquer non seulement avec la voix humaine, mais avec celles de tous les animaux de la création... Il peut également, sans le secours d'aucun instrument extérieur, produire les sons de la harpe, du piano, du violon, des grandes orgues, de l'ocarina, du saxophone, du piston, du triangle, séparément ou ensemble...

Les lèvres du Civilisé s'ouvrirent de nouveau.

— Je suis heureux, répéta-t-il.

Cette fois, il avait employé une voix de fillette mutine, après quoi il fit entendre un concert de clochettes carillonnantes, puis le cri du grillon, et se tut.

— La visite est terminée, dit l'homme qui avait ouvert le rideau. Messieurs, Mesdames, par ici la sortie. N'oubliez pas le guide, s'il vous plaît...

M. Collignot se dirigea vers la porte, tête basse, dans un état de grand désarroi moral. Il se sentait à la fois humilié et coupable. Il ne parvenait pas à apprécier cette béatitude. Il tenait à sa chair minable, à ses os sans grandeur, à son petit ventre, à son crâne chauve. Il aurait éprouvé beaucoup de chagrin s'il avait dû les abandonner pour les laisser remplacer par des matières plus parfaites. Malgré les coliques, les crampes, les démangeaisons, malgré la peur, malgré la mort. Évidemment, il y avait ce larynx électronique. Il arrondit les lèvres et essaya le chant du rossignol. Quelques personnes se retournèrent vers lui, le regardèrent d'un air étonné. Il rougit. Il pensa que vraiment il faisait partie d'une génération qui aurait bien du mal à s'adapter aux conditions nouvelles. Tant pis pour elle. Tant mieux peut-être pour les jeunes. Il se retourna vers Aline et Paul qui le suivaient. Ils se tenaient par la main. Ils avançaient en souriant. Ils avaient l'air heureux... Il pensa qu'il n'y aurait pas, entre le passé qu'il représentait, lui, et l'avenir qui se préparait pour ces jeunes gens, l'habituelle transition faite de modes de vie transmis de père en fils et lentement modifiés. Il y aurait passage brusque. Ceux qui ne pourraient s'adapter périraient. Il convenait de préparer du mieux possible ces âmes neuves, ces jeunes corps, aux lendemains de facilité qui les attendaient.

Il prit immédiatement sa décision. Il vit dans le désir d'Aline de venir à Moontown, dans cette visite au Civilisé Inconnu, dans les réflexions qu'elle lui avait inspirées, des signes qui lui dictaient son devoir. Ils prirent l'ascenseur, ils descendirent au deux cent soixante-troisième étage où se trouvaient les bureaux des diverses administrations de la ville.

— Je vais vous faire inscrire au C.I.R.E.A., dit M. Collignot. C'est le Collège International de

196

Recherches et d'Enseignement pour l'Avenir. Vous y entrerez dès demain matin.

Ce ne fut pas aussi facile qu'il le pensait. Ce collège, formé récemment par l'O.N.U., et où enseignaient les plus grands savants du monde, était ouvert en principe aux étudiants de toutes nationalités et de tous âges. Mais il était devenu, en fait, en quelques semaines, une sorte d'Oxford supérieur, réservé aux membres de l'aristocratie éternellement renouvelée, celle de l'argent. Il fallait, pour y entrer, verser à la Banque Internationale une garantie très élevée, qui devait être remboursée à la fin des études, et en cas seulement de succès aux examens de sortie.

Le comité de direction du Collège avait justifié cette mesure par la nécessité d'opérer une sélection au départ, sélection rendue nécessaire par l'afflux des demandes d'admission. La Ville d'Acier tout entière n'aurait pas suffi à loger tous les postulants. «Ceux qui ne se sentent pas sûrs d'eux ne viendront pas», disait le communiqué. On prévoyait l'admission des élèves pauvres mais méritants par le moyen de bourses. Mais il fallait le temps d'organiser les concours...

M. Collignot, malgré tout l'argent qu'il gagnait, ne disposait pas de la somme qu'on lui demanda. Mais le fait même qu'il y eût un tel obstacle à l'entrée du collège lui confirma l'importance de son enseignement et l'affermit dans sa résolution. Pour une fois il trouva l'audace nécessaire. Il s'en fut trouver le Président de l'O.N.U., un vieillard à barbe teinte qui le connaissait bien et lui portait de l'estime, car il avait constamment recours à ses services, ne parlant que sa propre langue, à peu près oubliée du reste du monde, l'anglais non américanisé.

Il se nommait Lord J.-K.-R. Millet. Il reçut très aimablement M. Collignot, l'écouta, regarda Aline, puis Paul, regarda de nouveau Aline, prit une feuille de papier, regarda Aline, écrivit de sa propre main quelques lignes, regarda Aline, se leva, tendit le papier à M. Collignot, regarda Aline.

Aline et Paul entrèrent le soir même au C.I.R.E.A., grâce à une dispense.

Aline, mélancolique, avait embrassé son père et avait dû, quelques instants après, se séparer de Paul pour gagner le quartier des filles.

Une flèche lumineuse courant devant elle sur le mur la conduisit à son appartement. Elle fut, dès qu'elle y entra, trop émerveillée pour ne pas oublier toute tristesse. Elle disposait pour elle seule d'une chambre meublée d'un lit berceur, d'une armoire plieuse et époussièreuse, de deux fauteuils à molémoteurs et d'un poste de télécinéma, d'une ravissante petite salle à manger à meubles de plastec rose, et où les plats cuisinés arrivaient directement sur la table par le conduit magnétique qui traversait son pied massif en forme de colonne torse; d'un cabinet de travail en relation directe par conduit pneumatique avec la bibliothèque du Collège, et enfin d'une salle de bains dans la baignoire de laquelle elle pouvait faire couler à volonté l'eau de mer, de source, de fleuve, de lac de montagne ou de ruisseau de prairie.

Elle regarda tout, essaya tout, se fit livrer une assiettée de pommes frites, un œuf à la coque et une orange, puis un tournedos, parce que après le moka elle avait encore faim.

Elle avait, jusqu'à dix heures du soir, le droit d'aller et venir partout où elle voulait, mais elle n'éprouvait aucune envie d'en profiter. Elle entra dans sa chambre et fit le tour de la pièce, blottie dans un fauteuil qui, lorsqu'elle ne le conduisait pas de la voix ou de la pression de la main, tournait tout seul autour des obstacles et s'arrêtait devant les murs. Quand elle eut ainsi joué pendant quelques minutes, elle trouva qu'elle était bien seule et commença de s'ennuyer. Elle se coucha, se fit bercer doucement, mais cela l'empêchait de dormir. Elle arrêta lentement le balancement du lit, eut envie de voir un film, puis y renonça, appuya sur le bouton qui commandait l'ouverture des rideaux. En face d'elle, le mur transparent s'emplit de millions d'étoiles. Elle ferma les yeux, tourna la tête de côté, cherchant une joue, une épaule, murmura «Paul!» et d'un seul coup, comme lorsqu'elle avait trois ans, s'endormit, un doigt dans la bouche.

XXXIV

Irène, le casque aux oreilles, était en train de taper le courrier enregistré sur le dictaphone. Taper, qui était resté dans le vocabulaire, n'était d'ailleurs plus le mot juste. Elle effleurait du bout des doigts un clavier aux touches immobiles : la différence de température entre son doigt et la touche faisait naître un courant qui projetait sur le papier, en rayons ultraviolets, le dessin de la lettre correspondante. La surface du papier, convenablement sensibilisée, réagissait aussitôt, et la lettre s'y dessinait en noir. La pénétration des rayons ultraviolets permettait de faire sans le secours de papier carbone autant de doubles qu'on voulait, le dernier aussi net que la première copie. La nouvelle machine avait en outre, sur l'antique casserole à leviers, l'avantage d'une vitesse plus grande et du silence. Cinquante dactylos dans le même bureau ne faisaient plus qu'un bruit de soie, né de l'effleurement de leurs doigts sur les touches de métal poli.

Irène travaillait en pensant à autre chose. Elle

réfléchissait à la proposition que son père venait de lui faire, d'entrer aussi au C.I.R.E.A. Elle hésitait. Elle ne se sentait plus de goût pour aucune sorte d'études. Et pourtant Moontown, l'avenir... Mais l'avenir, pour elle, était-il bien de s'enfermer dans un collège ? Elle allait avoir vingt-cinq ans dans quelques jours. Elle soupira. Toutes ses amies étaient mariées, la plupart moins belles qu'elle. Il était vrai que dans ce bureau elle avait encore moins de chances de rencontrer un mari possible que dans un collège qui, au moins, était mixte. Elle se trouvait seule la plupart du temps, sauf les visites en coups de vent de Lucien Hono. Encore ne le voyait-elle pas tous les jours. Il se contentait le plus souvent de lui donner ses instructions par l'écran ou le dictaphone. Mais elle gagnait bien sa vie. Mais il avait un caractère impossible. Mais elle le voyait si peu. Mais Moontown. Mais Paris. Apprendre. Vivre. Un mari...

Elle s'aperçut qu'elle avait fait trois fautes en cinq lignes. Elle déchira tranquillement les feuilles, et recommença.

Elle n'avait pas encore compris comment l'administration du Té avait pensé à s'adresser à elle. Elle l'avait demandé le premier jour à Lucien Hono. Celui-ci lui avait répondu, sur un ton bourru, qu'il n'en savait rien, qu'il ne s'occupait pas de ces vétilles, que c'était bien assez qu'il ne pût se passer d'une secrétaire sans avoir encore à la choisir, que celles qui l'avaient précédée n'étaient pas restées en moyenne plus de deux mois, qu'elle aurait bien de la chance si elle restait aussi longtemps, et qu'il en était encore à chercher une femme qui eût plus d'intelligence que de nerfs.

Elle avait retrouvé dans ces manières quelque chose d'extraordinairement familier, comme un souvenir de lecture d'enfance ou de vision de rêve. Et elle s'était attendrie au lieu de s'irriter.

«Je vais lui demander son avis», se dit Irène. Depuis les quelques semaines qu'elle travaillait pour lui, elle avait pu apprécier l'acuité de son intelligence. Il pouvait lui donner, brutalement, un avis bon à suivre.

Ce soir-là, quand M. Collignot, de retour de Moontown, lui demanda : «Alors, est-ce que tu as pris une décision?» elle répondit en souriant : «Oui, je reste ici.»

Lucien Hono, consulté, lui avait crié : «Je ne vous laisserai pas partir!...»

XXXV

L'enseignement du C.I.R.E.A. était divisé en de multiples sections. Chacune d'elles concernait l'application de la science atomique à un des domaines de la vie humaine, vie individuelle et vie sociale.

C'est ainsi que les professeurs de l'école maternelle apprenaient à lire à leurs élèves en une journée, en leur faisant avaler un alphabet en chocolat radioactif, dont l'image se gravait à jamais dans leur gros intestin, lequel, en l'occurrence, faisait office de cerveau. Cela n'alla pas sans quelques maladresses au début. Les premiers alphabets radioactifs avaient fabriqué toute une classe de ventriloques, et un pétomane virtuose, sans compter les enfants à qui il avait tout simplement donné la colique. De même, le professeur Christian Say, maître d'écriture, avait dû renoncer à mettre en usage le stylo automatique qu'il avait inventé. Ce stylo, chargé d'encre au phosphore irradiant, recevait directement l'impulsion du phosphore cervical de qui le tenait en main et traduisait sa pensée sans que fût nécessaire l'intervention de sa volonté.

Après en avoir fabriqué un prototype, le professeur Say l'essaya lui-même. Au bout de quelques lignes, ses cheveux se dressèrent d'horreur. Ce que le stylo venait d'écrire, il n'aurait pas pu le montrer même à son confesseur...

Mais c'étaient là les errements inséparables des premières expérimentations. Un échec amenait aussitôt une amélioration, un progrès. La science atomique allait de l'avant à pas de géant, et trouvait chaque jour des applications nouvelles.

Aline fut priée de choisir une section à sa convenance. Parce qu'elle aimait les bêtes, et que dans son existence de petite Parisienne elle n'avait pas eu beaucoup d'occasions d'en approcher, elle se décida pour la section J-23′. C'était l'agriculture. Paul choisit la même.

Ils s'asseyaient l'un à côté de l'autre sur le même banc pneumatique de l'amphi. Tandis que sur le tableau sombre les gestes du professeur ou d'un étudiant faisaient s'inscrire en signes lumineux les formules de radio-chimie, Paul regardait le blanc profil d'Aline, son nez droit et fin, le petit ovale d'ombre de sa narine et les lèvres qui au-dessous s'avançaient comme un cœur couché, et le grand œil noir, si grand, si allongé vers la tempe qu'il lui semblait presque le voir de face, comme dans les peintures égyptiennes.

Aline, dans l'espoir de paraître plus femme, avait tiré ses cheveux en hauteur, et les avait disposés en un embryon de chignon qui ressemblait plutôt à un petit buisson. Et Paul découvrait pour la première fois le creux de la nuque où se nichait un frisottis d'ombre, la fragilité enfantine du cou, et l'oreille de porcelaine rose, grande comme un de ces biscuits sans poids que les dames papotantes grignotent en buvant de minuscules tasses de café fort.

De temps en temps Aline se tournait vers lui, lui montrait ses deux yeux à la fois et la mince lumière de ses dents en un sourire.

Les progrès dans la culture des légumes étaient très poussés et les poireaux que les élèves de la section J-23′ nourrissaient d'engrais moléculaire et arrosaient d'eau lourde quadruple atteignaient déjà la taille de bouleaux moyens. La plus belle laitue du jardin était haute comme un chêne de cinquante ans, et l'unique radis rose sortait de terre jusqu'au niveau du deuxième étage. Devant ces monstres, Aline avait éprouvé plus d'horreur que d'admiration. Mais son cœur avait failli s'arrêter de joie la première fois où elle était entrée dans le jardin des fleurs.

C'était à son septième jour d'école. Sous la conduite du jardinier atomique, une trentaine d'étudiants s'embarquèrent dans un des hélicoptères de la section, pour aller effectuer deux heures de travaux pratiques de culture florale. Le jardin fleuri se trouvait en pleine forêt, dans la clairière, à cinq minutes de vol de Moontown.

L'appareil quitta le balcon, s'éleva, fila comme une balle au-dessus des arbres, freina en quelques secondes et s'immobilisa. Devant lui, en plein ciel, infiniment loin au-dessus de la voûte de la forêt, seule au sommet d'une tige démesurée dont l'extrémité inférieure s'enfonçait dans la croûte des arbres, s'épanouissait, telle une montagne de blancheur, une fleur de lys.

Aline, la bouche ouverte, enfonçait ses ongles dans la main de Paul.

Le jardinier colla son nez à la paroi de plastic.

— Le pollen n'est pas encore mûr, dit-il.

L'hélicoptère, déjà, plongeait vers un bourgeonnement multicolore qui tranchait sur le vert de la forêt comme un massif de fleurs sur un tapis de gazon.

Il se posa au milieu d'une large allée de gravier, à l'ombre d'un plant de violettes.

— Prenez vos molémoteurs, dit le jardinier. Vous avez à faire cet après-midi un exercice de fécondation.

Garçons et filles, qui étaient tous en combinaison verte à poche ventrale, endossèrent leur appareil de vol individuel avant de sortir de l'hélicoptère.

— Vous, les deux nouveaux, ajouta le chef de travaux, vous pouvez vous contenter pour aujourd'hui d'une visite du jardin. Prenez des notes...

Comme un vol d'abeilles, les étudiants et le maître s'envolèrent vers les corolles géantes. Ils saisissaient à deux mains les grains de pollen gros comme des melons et les fixaient sur les pistils à l'aide de larges bandes de chatterton.

Aline, les yeux exorbités, regardait droit devant elle. Au bout de l'allée de violettes, un rosier rampant étalait autour de ses troncs tordus des feuilles

206

larges comme des toitures et d'inimaginables roses d'or au cœur de sang.

Oubliant qu'elle aurait pu y voler, Aline courut vers l'arbre, suivie de Paul. Elle s'arrêta, la tête levée. Au-dessus d'elle, à quelques mètres à peine, une rose lui cachait le ciel. Avant que Paul eût pu la retenir, Aline s'élança vers la tige, se hissa d'une épine à l'autre au risque de s'éventrer, atteignit la fleur, y grimpa, se coucha à plat ventre sur l'ourlet d'un pétale et plongea la tête dans l'ombre de pourpre, narines et bouche ouvertes pour mieux boire le parfum de la fleur miraculeuse.

La rose sentait l'ozone.

Aline s'appuya sur l'épaule de Paul qui l'avait rejointe, et se mit à pleurer.

Ils redescendirent et s'endormirent blottis l'un contre l'autre, sous une feuille de pissenlit.

XXXVI

— Tu n'iras pas dans la Lune ! dit Mme Collignot à son mari.

— Pourquoi ?

— Parce que !

Il est difficile de réfuter un tel argument. Les enfants l'emploient volontiers, dans leur désir d'avoir raison malgré tout. Et les femmes encore plus souvent. M. Collignot, sur le moment, ne trouva rien à répondre. Mme Collignot appuya sur le bouton de la machine à vaisselle, régla le thermostat de la marmite, passa dans la chambre à coucher et empoigna le manche de l'aspirateur. Elle n'avait pu se résigner à remplacer son vieil engin par le modèle à molémoteur qui faisait le travail tout seul, se glissait sous les meubles, épousait la forme des coins, repassait sur les taches et ne retournait se garer à la place qui lui était assignée qu'après avoir digéré le dernier grain de poussière. Elle aimait pousser devant elle à travers son appartement la panse bourdonnante. C'était sa promenade de chaque jour.

M. Collignot suivait Mme Collignot qui suivait son aspirateur. Il retrouva enfin la parole et dit avec énergie :

— Tout de même, je voudrais bien savoir pourquoi !

Elle se retourna vivement, et la bouche de l'aspirateur heurta le soulier droit de son mari et commença à avaler son lacet.

— Tu ne te rends pas compte ! dit-elle.

— De quoi ?

— La Lune ! Pourquoi pas Jupiter ?

— C'est pas Jupiter, dit M. Collignot, doucement. C'est la Lune !...

— Grrrr... faisait le bout de fer du lacet dans le gosier de l'aspirateur.

Mme Collignot s'assit sur le bord du lit, le manche de l'aspirateur entre ses genoux. Le lit était en plastec vert émeraude, le couvre-lit en soie rose, le tapis grenat, les murs jaunes et les doubles rideaux de la fenêtre marron. La robe de chambre de Mme Collignot était bleu roi. Son mari toujours vêtu de noir.

Elle ne savait plus que dire. Elle ne trouvait rien de raisonnable à opposer à un projet si déraisonnable. Elle commença à gémir. Elle n'en avait donc pas assez vu ? Elle n'avait donc pas assez souffert ? Ce n'était pas assez qu'elle eût failli perdre ses deux filles ? qu'il eût mis Aline en pension si loin d'elle sans même lui demander son avis ? que la pauvre Irène ne parvînt pas à se rappeler ce qui lui était arrivé ? que les parents du pauvre petit Paul fussent morts? qu'on ne trouvât plus que du beurre synthétique? et pas de femme de ménage?

Entre deux phrases, elle pleurait un peu. L'aspirateur ronronnait. M. Collignot ne voulait pas faire de peine à sa femme. Il voulait aller dans la Lune. Le Président de l'O.N.U. lui-même avait daigné lui demander en personne s'il consentirait à accompagner les membres de l'expédition pour traduire et enregistrer, au fur et à mesure, toutes les déclarations, impressions et constatations qu'ils jugeraient bon de lui communiquer. M. Collignot avait répondu oui. Il ne pouvait pas refuser ce service. Et pendant toute la durée du voyage, il toucherait triple traitement. C'était avantageux...

Mme Collignot se releva, furieuse.

— Va-t'en au diable, dit-elle, si ça te fait plaisir!

M. Collignot ne répondit rien. Il se baissa et mit un genou en terre pour relacer son soulier.

La fusée américaine qui devait emporter la mission vers la Lune était presque achevée au moment où avait éclaté la G. M. 3. Après que les États-Unis en eurent fait don à l'O.N.U., quelques semaines suffirent à la mettre définitivement au point. On décida qu'elle partirait du lieu précédemment fixé. L'U.R.S.S. avait offert une base de départ dans le Pamir, mais le transport de l'engin offrait des inconvénients que ne compenseraient pas les avantages du lieu élevé. La fusée partirait, sous le contrôle de l'O.N.U., du Nouveau-Mexique, où elle avait été construite. Elle avait été assemblée, pièce à pièce, dans la fosse même qui devait servir à son envol, au centre d'une plaine sur laquelle un immense cirque de gradins avait été construit, pour permettre à la foule d'assister dans les meilleures conditions possibles à l'événement.

La fusée était prête, mais la mission ne l'était pas. Au moment de désigner ses membres, une compétition hargneuse s'était élevée entre les nations.

Les peuples avaient très rapidement retrouvé et même dépassé le confort d'avant-guerre, grâce à la puissance de production de l'énergie atomique.

Mais les économistes voyaient venir, à une affreuse vitesse, le moment où la production dépasserait de dix, cinquante, cent fois, toute consommation possible. Un chaos se préparait. Plus que jamais, on devait penser à la Lune. On pourrait, pendant plusieurs générations, faire travailler une partie de la population terrestre à son aménagement. Tout était à recréer, là-haut, depuis l'atmosphère... Ces travaux non productifs serviraient momentanément de trop-plein à l'activité humaine. Bien sûr, les mêmes problèmes se reposeraient plus tard. Mais que nos petits-fils se débrouillent...

Et puis peut-être y trouverait-on quelque chose. On ne savait pas quoi. Et justement parce qu'on ne savait pas, tous les espoirs étaient permis. Les derniers.

C'est pourquoi, à l'intérieur de l'O.N.U., et sous les formes les plus policées, les nations se disputèrent la fusée. Les États-Unis regrettaient leur don ; et les autres pays regrettaient de n'avoir pas entrepris la construction de fusées concurrentes. On commençait à bien oublier la G. M. 3.

Cependant on ne pouvait pas revenir sur ce qui avait publiquement été dit et fait. Il fallut bien faire semblant de se mettre d'accord. Après d'interminables séances, la composition de la mission fut enfin fixée.

Outre M. Collignot, la fusée emporterait trois physiciens (anglais, russe, chinois), trois chimistes (français, américain, tchèque), trois astronomes (américain, norvégien, grec), trois géologues (hollandais, anglais, yougoslave), trois zoologues (brésilien, polonais, hindou), deux médecins (américains), deux opérateurs de cinéma (américain, russe), un journaliste (anglais) et deux cuisiniers (français).

Plus les sept membres de l'équipage.

Plus, à fins d'expérience, trois cochons de Pennsylvanie, neuf colombes d'Ile-de-France, trois douzaines de souris blanches de Chypre.

Plus vingt-quatre généraux.

XXXVII

Le départ de la fusée fut précédé d'une séance solennelle de l'O.N.U., qui se tint dans le grand amphithéâtre d'acier niellé de Moontown, et à laquelle assista la famille Collignot.

Mme Collignot, se voyant incapable d'empêcher le départ de son mari, avait pris le parti de s'en montrer fière. Il lui aurait d'ailleurs été difficile de faire autrement, car tout son quartier était fier de lui et d'elle, la radio avait diffusé l'image de la famille rassemblée autour du repas du soir, Mme Collignot avait dû elle-même parler devant le micro, elle avait dit : « Hm, hm, grr, je suis bjj..., je suis contente... » et l'émission avait été coupée juste au moment où elle commençait à pleurer. La Ville de Paris avait fait draper sa maison de grandes tentures tricolores, et le crémier lui avait fait crédit.

Elle arriva à Moontown avec Irène la veille du départ, et après avoir embrassé frénétiquement M. Collignot, le laissa partir pour le Nouveau-Mexique où les autres membres de la mission

étaient déjà rassemblés et commençaient à se surveiller. Elle avait trouvé Aline changée, sans pouvoir préciser en quoi, et Paul bien sérieux. Elle
avait dû pour dormir, cette nuit-là, user du dispositif mis par l'Hôtel International au service de ses
clients : un concert infrasonique diffusé dans les
chambres, que les oreilles n'entendaient pas mais
qui calmait les nerfs et conduisait au sommeil en
quelques minutes.

La séance s'ouvrit au milieu de la matinée, à
10 h 17 exactement. Mme Collignot était assise
dans un fauteuil au premier rang de la tribune, à
quelques mètres de l'estrade où avaient pris place
le Président et le bureau de l'Assemblée. À sa
droite était assise Irène, à sa gauche Paul, puis
Aline.

M. le Président de l'O.N.U. se leva. Pour cette
séance solennelle, il avait revêtu le costume tradi-
tionnel : la queue-de-pie, le pantalon rayé, les souliers vernis pointus. A la main le chapeau haut de
forme. Il posa son chapeau devant lui, sur le tapis
vert de la table, et dans le chapeau laissa tomber
ses gants. Entre sa jaquette et son gilet s'entre-
croisaient les rubans des ordres de toutes les
Nations qui avaient tenu à honorer en lui les
espoirs internationaux. Cette armure le gênait un
peu pour les gestes. Quand il écarta les bras, cela
fit dans le micro un bruit de feuilles qui reçoivent
le vent.

En face de lui, dans l'amphithéâtre, étaient assis
les délégués des nations, et, dans les tribunes, la
foule murmurante des invités. Quand le Président

se leva, tous les délégués en firent autant. Tous à la fois, ils posèrent devant eux leur chapeau haut de forme, les bords en bas, et leurs gants sur leur chapeau. D'un geste amical et grave, le Président leur fit signe de se rasseoir. Ils coiffèrent les écouteurs qui allaient leur transmettre, dans leur langue respective, les paroles de l'orateur.

— Gentlemen!... dit celui-ci.

— Messieurs! entendit Mme Collignot dans son casque.

Elle se tourna vers Irène et murmura : « Il parle bien! »

— ... je suis heureux, en ouvrant cette séance qui marquera une date cruciale dans l'histoire de l'humanité...

« Mes ports, mes puits, mes bases, mes fusées, à moi, à moi, à moi la Lune! » pensait chacun des délégués dans sa propre langue.

— ... de constater officiellement et solennellement que pour la première fois depuis l'âge des cavernes, pour la première fois depuis que les hommes ont entrepris leur marche semée d'obstacles vers le Progrès radieux, pour la première fois, dis-je, la Paix totale règne enfin sur la surface de la Terre, entre les Nations réconciliées.

« Hypocrite, vieux hareng! » pensaient les délégués dans leur langage maternel.

Ils se levèrent tous ensemble et applaudirent. Leurs visages trahissaient, comme il est d'usage de dire, une vive émotion. Puis ils se rassirent. Mme Collignot essuyait une larme.

Le Président hocha la tête, deux ou trois fois,

pour remercier, puis ouvrit les bras dans un grand geste. Sa jaquette s'ouvrit, et les rubans de sa poitrine se déployèrent en éclatante cuirasse. Il dit :

— Aujourd'hui, Messieurs, les Nations Unies se sont rassemblées pour procéder, avec la gravité et l'émerveillement que commande un tel événement, au lancement de la fusée qui conduira jusqu'à la Lune les premiers hommes qui se soient jamais arrachés à l'emprise millénaire de l'inexorable pesanteur terrestre !

Les délégués se levèrent de nouveau pour applaudir et jugèrent qu'il était convenable, cette fois, de pousser, en plus, quelques cris d'enthousiasme.

— Ces héros..., cria le Président dans le vacarme.

Les délégués se rassirent. Mme Collignot pleurait. Le voisin de gauche d'Aline, un vieux diplomate à moustache blanche, avança comme innocemment sa jambe vers celle de l'adolescente. Aline lui jeta un regard glacé. Il fit semblant d'épousseter le pli de son pantalon et reprit une pose plus correcte.

— ... ces héros, dont le nom sera demain gravé en lettres d'or dans la mémoire de l'humanité, vont ainsi accomplir le premier pas de la conquête de l'Univers par l'Homme, ce roseau pensant que Dieu fit à son image !...

Les délégués se levèrent pour l'ovation finale. Un d'eux, qui ne se surveillait pas assez, ricana. Mais comme il était polonais, et n'avait ricané qu'avec des consonnes, ses voisins purent se permettre de croire à un mal de gorge.

Le Président se coiffa, et, ses gants à la main, descendit de son estrade. Derrière lui, sortirent d'abord les vice-présidents, le secrétaire général, puis les secrétaires de l'Assemblée, puis les présidents des commissions, les présidents des sous-commissions, les présidents des comités et les présidents des sous-comités, puis leurs vice-présidents, leurs secrétaires et leurs rapporteurs. Suivis des membres qui n'étaient que membres, un peu honteux, au nombre de trois.

Devant les balcons de l'amphithéâtre attendaient deux hélicoptères à étages, un pour les membres de l'O.N.U., l'autre pour les invités. Deux heures plus tard, ils déposaient leurs occupants sur la terrasse intérieure de l'aire de départ de la fusée.

Une foule de plusieurs millions de personnes garnissait les gradins. Quelques-unes, pour s'assurer de bonnes places, campaient là depuis deux semaines. Depuis trois jours, il n'y avait plus un centimètre carré de libre. Des W.-C. avaient été creusés dans le roc, en puits perdus. Des machines débitaient des sandwiches, de l'eau gazeuse, des alcools, des journaux illustrés et des spectacles.

Une partie du plus haut gradin avait été réservée aux invités. Des gendarmes internationaux, armés de matraques, avaient eu grand-peine à l'empêcher de se garnir. Un escalier roulant y conduisit Mme Collignot et ses enfants. Ils prirent place et regardèrent. Vu de cette altitude, le cirque offrait un spectacle vraiment à l'échelle des possibilités atomiques. La foule qui l'emplissait eût suffi à peupler une ville grande deux fois comme Paris. Aline regardait la multitude étendue à ses pieds, garnissant les horizons, écrasée de soleil, écrasée d'elle-même, mélangeant ses couleurs pour ne former qu'un gris mouvant, prononçant des millions de paroles qui murmuraient comme un océan.

L'estrade de l'O.N.U. était tout à fait en bas du cirque, et Aline ne la voyait pas plus grande qu'une carte à jouer. Pour y prendre place, les délégués recoiffèrent leurs chapeaux de soie et réenfilèrent leurs gants. La foule des gradins ondula comme une moisson mûre et gronda une rumeur. Quand toute l'O.N.U. se fut assise, l'estrade apparut comme un petit rectangle noir. Aline vit un point blanc s'y déplacer. Paul lui tendit les jumelles qu'il avait pensé à apporter. Dans le rond tremblant des verres, Aline vit une nurse en blouse blanche traverser les rangs des hommes noirs. Elle portait dans ses bras un nouveau-né. Une main innocente allait donner le départ aux plus audacieux des hommes.

Le Président de l'O.N.U. ouvrit une boîte d'or posée devant lui sur une petite table drapée de rouge. Dans la boîte, capitonnée de velours cramoisi, s'érigeait un bouton d'ivoire.

Le Président prit le nouveau-né dans le creux de son bras droit, regarda son chronomètre à son poignet gauche, et attendit. Il était H moins vingt-neuf secondes. Des haut-parleurs hurlèrent des tops sur la multitude, qui devint immobile comme un rocher. Paul, éperdu, sa main sur le genou d'Aline, regardait, au centre de la cuvette, le trou noir qui recelait la fusée encore immobile pour quelques instants mesurés, pour quelques secondes prodigieuses. Ses doigts serraient le genou d'Aline qui ne les sentait pas, et Mme Collignot ne voyait pas cette main, Irène ne voyait rien parce qu'elle avait oublié sa seconde paire de lunettes, personne parmi les millions d'hommes et de femmes qui étaient là ne voyait plus personne, ni la foule ni ses voisins ni soi-même, les millions de regards étaient fixés sur l'embouchure noire du puits et tous ces regards fixés sur le même point, s'ils avaient eu la moindre puissance, en eussent fait jaillir un volcan. Dieu fait bien ce qu'il fait.

Le Président prit le nouveau-né à deux mains, tenta de lui déplier un doigt. Le nouveau-né hurla. La nurse vint au secours du Président.

Moins cinq. Moins quatre.

Le doigt du nouveau-né sur le bouton. Ongle rose-nacre. Le doigt de la nurse sur le doigt du nouveau-né. Ongle laqué carmin. Le doigt du Président sur le doigt de la nurse. Ongle jaune-tabac.

Moins une !...

Top !

Le Président appuie, la nurse sourit, le nouveau-né crie. Du trou noir jaillit un cylindre pointu qui lâche mille tonnerres et monte droit, porté par un merveilleux pied quadruple de fumée blanche qui s'épanouit jusqu'aux gradins et dont la fine, minuscule, invisible pointe, a percé le bleu du ciel...

C'est fini. Les millions de spectateurs ont levé en

même temps leurs millions de têtes, et quelques milliers de mains agiles en ont profité pour vider autant de poches. Le Président de l'O.N.U. essuie discrètement avec son mouchoir son grand cordon d'or sur lequel le nouveau-né a vomi une goutte de lait caillé. La fumée étend son brouillard sur la foule. Mme Collignot, qui réalise brusquement que son mari vient de se perdre au-delà du ciel, pousse un cri, et, une fois de plus, s'évanouit.

XXXVIII

Qu'est-ce que vous voulez que je vous dise, dit
M. Collignot, j'ai eu tellement mal au cœur, je
n'avais guère envie de regarder par les hublots.
Nous étions attachés, sanglés, rembourrés, saucis-
sonnés, blindés, nous ne pouvions pas bouger. Oh,
bien sûr, j'ai vu quand même un peu...

— Quoi ?
— Quoi ?
— Quoi ?
— Quoi ?
— Eh bien, heu... le ciel, des étoiles...
— Oh !
— C'est tout ?
— C'est bien la peine !
— Mais qu'est-ce que vous voulez que je vous
dise ? Je me suis senti d'abord très lourd, puis de
moins en moins, puis tellement léger que je ne me
sentais plus. Pendant un moment, je n'ai plus su où
étaient le haut ni le bas, ni ma tête ni mes pieds, ni
combien j'en avais ni s'ils étaient toujours à moi.
Je ne me sentais peser sur rien, et sans bouger de

place j'avais pourtant l'impression de tournoyer sur moi-même. Tout mon corps se mélangeait, mes jambes me poussaient aux épaules, mes mains aux chevilles, ma tête sur le ventre et mon estomac partout. J'avais le cœur dans les oreilles et l'estomac de la bouche aux genoux. J'étais rond comme une pelote de ficelle. J'ai fait de grands efforts pour me désembrouiller, mais tout s'est arrangé tout seul quand j'ai senti de nouveau mon dos peser légèrement sur ma couchette. Puis je suis devenu encore un peu plus lourd, encore un peu plus, et ça y était, nous étions arrivés...

— Et sur la Lune, qu'est-ce que tu as vu ? demanda Mme Collignot.

— Sur la Lune, papa ?

— Sur la Lune ? dit Paul.

— Qu'est-ce que vous voulez que je vous dise ? Si vous croyez que j'ai eu le temps de me promener ! Je suis allé là-haut pour travailler !

— Mais qu'est-ce que tu as fait ?

— J'ai tapé à la machine.

XXXIX

La grande foule n'en sut guère plus long que la famille Collignot. Les experts gardèrent leurs rapports secrets, et les vingt-quatre généraux ayant successivement appliqué leur censure aux travaux du journaliste et des opérateurs de cinéma, il ne resta du film que le générique et du reportage le titre et la signature.

Mais la curiosité mondiale était si passionnée que les censeurs durent se résigner à lui donner quelque pâture. Le reporter fut autorisé à rédiger un article qui fut reproduit par tous les journaux du monde, et fit de lui, du jour au lendemain, un milliardaire. Il y déclarait que la Lune était ronde, qu'il y faisait très froid à l'ombre et très chaud au soleil.

Dans les «milieux bien informés» on en savait un peu plus long. On savait que les savants n'avaient découvert aucun être vivant, ni animal ni végétal, et que la matière minérale elle-même semblait morte. Les échantillons de roche rapportés par la mission étaient l'objet de mille analyses dans les laboratoires de Moontown. Ils ressemblaient à de la pierre ponce, plus légère et plus poreuse que celle que l'on trouve autour des volcans terrestres.

Quelques communiqués annoncèrent au public que de nombreuses expéditions seraient encore nécessaires avant que l'on pût décider si la Lune serait ou non susceptible d'être habitée et cultivée. Les conclusions des savants de la première mission semblaient laisser craindre que la Lune fût difficilement payante. De toute façon, on remettait en état la fusée, on lui faisait subir les modifications dues aux enseignements de son premier voyage, et il ne fallait guère compter sur un nouveau départ avant une dizaine de mois.

Et, pour éviter d'avoir à en dire plus sur ce sujet, l'O.N.U. aiguilla la curiosité publique vers les expériences de biologie atomique poursuivies par les professeurs et les élèves du C.I.R.E.A.

Aline et Paul participaient, non sans stupeur, à ces travaux. Les résultats obtenus dépassaient ce que l'imagination des expérimentateurs avait pu escompter. Après diverses sélections, le maître de la basse-cour avait créé une race de poules blanches qui atteignaient en quelques jours leur âge adulte et la taille d'un veau. La seule crête du coq eût suffi à fournir un plat à la table d'une famille. Le spécialiste de l'Économie Alimentaire venait justement de faire une conférence devant les élèves de toutes les sections réunies, pour attirer leur attention sur les conséquences qu'on pouvait attendre de l'élevage rationnel de cette race de poulets. C'était la fin du paupérisme alimentaire, non plus le bouilli de poule misérable une fois par semaine comme le souhaitait pour ses sujets un antique roi de France, mais le bifteck de poule tous les jours. Cependant, il ne fallait pas négliger les dangers d'une surproduction. On pourrait y pallier en utilisant les œufs, et les volatiles eux-mêmes si cela s'avérait nécessaire, comme matière première pour la fabrication des engrais. Une autre solution serait de distribuer aux populations des pilules digestives qui leur permettraient de faire quatre, cinq, et même jusqu'à dix repas obligatoires par jour...

Aline sortit de cette conférence un peu écœurée et mangea de mauvais appétit. Elle décida d'aller faire visite à Paul, qui était ce soir de garde auprès des poussins. Une nouvelle couvée venait de sortir de la couveuse automatique, et il était indispensable, dans les premières heures de leur existence, de distribuer aux poussins, toutes les quarante minutes, une ration de nourriture. Celle-ci consistait en grains concassés de blé atomique. Ces nouveau-nés, qui n'étaient pas plus gros que des dindons adultes, n'auraient pu, comme leurs parents, avaler les grains entiers qui ressemblaient à des citrons. À cette farine grossière, l'élève de garde devait ajouter et mélanger une pincée d'aliment 253, qui était le granulé moléculaire de surcroissance mis au point par les laboratoires.

Aline trouva Paul dans la petite et confortable salle de garde. Allongé sur le lit pneumatique, il lisait *Les Trois Mousquetaires*. Il se leva en la voyant entrer, laissa tomber son livre et ouvrit les bras. Aline vint s'y blottir et ils demeurèrent sans bouger, longuement, envahis par ce doux et brûlant bonheur qui les emplissait chaque fois qu'ils pouvaient se serrer l'un contre l'autre, sans gestes, sans mots, presque sans souffle, tout entier baignés de douceur et de feu, comme doivent l'être, aux matins de printemps, les fleurs ouvertes après l'aube et qui reçoivent le soleil pour la première fois.

Une sonnerie déchira leur félicité. Paul se mit à rire.

— C'est le réveil des quarante minutes, dit-il. Viens, nous allons donner à manger aux fauves...

Les six poussins de la nouvelle couvée étaient enfermés dans des cages séparées, chaque cage éclairée par la lumière d'une «lampe soleil». Toutes les trente secondes, un diffuseur clamait, pour toutes les cages à la fois, un cocorico adulte de point du jour. Pour pousser comme le désiraient leurs éleveurs, les jeunes volatiles, en effet, ne devaient pas s'endormir avant d'avoir quintuplé leur poids. Ils ne connaîtraient la nuit et le sommeil qu'au bout de cent heures.

Aline s'étonna de la voracité avec laquelle les gigantesques poussins se jetaient sur leur nourriture. Paul lui rappela — mais elle aurait dû le savoir — que faisait-elle pendant les cours, au lieu d'écouter ?

— Je te regarde, et quand je ne te regarde pas je pense à toi, et quand je ne pense pas à toi, je suis comme morte...

Soupir...

226

– Tu devrais quand même écouter un peu de temps en temps.

— Pour quoi faire, puisque toi tu sauras tout ça et que nous ne nous quitterons jamais...

Bonheur...

Paul lui rappela que cette voracité était due à l'aliment 253 qui, non seulement provoquait la surcroissance des animaux, mais au lieu de les rassasier, augmentait d'autant plus leur appétit qu'ils en avalaient davantage.

— Ils sont laids, dit Aline, allons-nous-en.

Ils retournèrent dans la salle de garde, fermèrent la porte pour ne plus entendre les cocoricos du haut-parleur. Aline s'assit sur le lit. Paul, un peu gêné, hésita, puis tira une chaise en face d'elle, s'assit à son tour, se releva aussitôt, dit :

— Je vais te faire du café !

Toute la journée, il ne pensait qu'au moyen de se retrouver seul avec elle ; et quand il était seul avec elle depuis un moment, il commençait à souhaiter que quelqu'un arrivât, ou qu'une occupation les fît penser à autre chose qu'à eux-mêmes. Il ne désirait rien d'autre que la toucher, l'embrasser, la respirer, caresser ses cheveux, tenir sa main. Mais alors que c'était pour lui le comble du bonheur, il sentait sourdre chez elle, sous le même bonheur, une sorte de souffrance physique, un délire naissant, et il s'en effrayait. Pour son innocence de garçon, l'amour était encore un mélange d'exaltation romanesque, de plaisir physique de la présence de l'aimée, et de la joie de partager avec elle des idées, des jeux, des occupations... Ce qui faisait trembler

Aline quand il l'embrassait trop longuement ne trouvait rien d'assez mûr chez lui pour y répondre, et rapidement, il rompait, s'esquivait par un rire, un geste, un mot gêné...

Il fit couler l'eau bouillante dans les tasses, brusquement se redressa, posa la bouilloire, se tourna vers Aline. Il dit, angoissé :

— Est-ce que nous avons bien fermé la porte du dernier ?

Ils se regardèrent une seconde, bondirent ensemble au-dehors. Dès qu'ils furent devant les cages, ils furent fixés : la dernière était vide.

— Bon Dieu ! dit Paul, je suis sûr qu'il est au garde-manger !

Il y était. La tête enfoncée jusqu'aux ailes dans le sac d'aliment 253.

Paul se précipita vers lui mais s'arrêta, son élan coupé à mi-chemin, tourna paisiblement le dos au volatile, vint prendre la main d'Aline, sortit avec elle de la basse-cour et se dirigea vers le plus proche ascenseur. L'un et l'autre semblaient avoir tout à fait chassé de leurs soucis et les poussins, et la garde, et l'escapade du numéro 5, et ce qui pouvait en résulter. Ils marchaient avec tranquillité, comme s'ils n'eussent vraiment rien eu d'autre à faire que d'aller où ils allaient. Ils se tenaient par la main ; ils ne s'étaient pas dit un mot et pourtant ils étaient d'accord. Ils montaient dans l'ascenseur, arrivaient dans le hall de l'École, toujours la main dans la main, se dirigeaient vers la chambre de Paul en laissant derrière eux toutes portes ouvertes.

Le radar réveilla le surveillant-chef pour lui signaler la présence d'une fille dans le quartier des garçons. L'homme enfila sa robe de chambre et se précipita vers l'appartement du coupable. La chambre était vide, la porte du balcon ouverte. Sur le balcon, il n'y avait personne. Le surveillant risqua sa tête au-dessus du garde-fou. Un vide noir s'enfonçait au-dessous de lui. Il recula en frissonnant.

— Mon Dieu ! murmura-t-il, serait-ce possible ?

Quelques minutes après, toutes les autorités responsables du C.I.R.E.A. étaient éveillées et commençaient à se lamenter en chœur sur le scandale qu'un double suicide, dans de telles circonstances, allait faire rejaillir sur le Collège. La première chose à faire était de recueillir les corps. Dans quel état allait-on les retrouver, mon Dieu, dans quel état !

Mais il n'y avait pas de cadavre au pied de Moontown. Il y avait dans le ciel, quelque part entre Moontown et Paris, un petit hélicoptère qui emportait Aline et Paul, toujours se tenant par la main ; et M. Collignot, comme eux silencieux, le visage baigné de tranquillité.

XL

M. Gé avait été le premier informé de la nouvelle qui commençait à sourdre du laboratoire de l'O.N.U. jusqu'aux oreilles des Services Secrets : un physicien russe de l'équipe internationale était parvenu à transmuer en or un fragment de roche sélénienne.

Certes, la quantité d'or obtenue était infinitésimale, impondérable, une trace plutôt qu'une quantité, mais ce résultat n'en bouleversait pas moins toutes les données connues de la physique nucléaire. Les savants de nationalité différente répétèrent l'expérience et n'obtinrent aucun résultat. Le Russe recommença, sous leur surveillance, et réussit de nouveau. C'était incroyable. Comment cette roche volcanique pouvait-elle se transmuer directement en or ? Il fallait y voir l'effet de l'obscur travail accompli pendant des millions et peut-être des milliards d'années par les rayons cosmiques sur le sol lunaire. Ce que l'expérimentateur russe obtenait aujourd'hui, demain tous les savants du monde pourraient l'obtenir. C'était une question de doigté. Et non plus en traces, mais en pépites, en lingots, en tonnes...

C'était à donner le vertige. La Lune tout entière pourrait être, un jour prochain, transmuée en or. Le plus beau des métaux deviendrait matière aussi commune que poussière. Il remplacerait les métaux oxydables dans leurs usages communs. Les confitures de mirabelles cuiraient dans des casseroles d'or, les mains serreraient des boutons de portes en or, le fluide électrique courrait dans les appartements le long de tresses de fils d'or ; les monoprix vendraient des bijoux d'or au rayon à deux sous ; les pigeons des places publiques feraient leurs petites crottes sur les crânes d'or des statues. On pourrait édifier une nouvelle Moontown non plus en acier mais en or ; chaque terrien aurait la possibilité de se bâtir une maison en or. On ne coulerait plus, pour dresser les murs, la boue grise du béton, mais la splendeur de l'or fondu. La Lune tout entière, débitée en quartiers, concassée, émiettée, transmuée... La Lune d'or...

Tout cela n'était pas encore très sérieux. Ce qui l'était davantage, c'était le bouleversement que risquait de provoquer dans les systèmes monétaires l'afflux d'or industriel. À cette époque, trois nations se partageaient à peu près tout l'or terrestre : les États-Unis, la Russie, et la Suisse.

Les États-Unis et la Suisse s'émurent et envoyèrent de nouveaux experts à Moontown. Mais, à la veille de commencer une nouvelle expérience, le savant russe disparut, et avec lui tous les échantillons de roches sur lesquelles il était parvenu à faire apparaître les traces d'or. L'Amérique accusa la Russie de vouloir garder pour elle le secret de la transmutation. La Russie accusa l'Amérique d'avoir enlevé son expert et de le soumettre à la torture pour le forcer à travailler pour elle. Les chancelleries échangèrent des notes violentes. L'Amérique exigea le retour du savant et la Russie sa libération. D'un côté comme de l'autre on fournissait des preuves formelles, de son départ secret pour Moscou, et de son enlèvement et son transport à Washington. Le public ne savait encore rien du conflit, mais M. Gé avait pris ses précautions, et pour la deuxième fois, il venait de garnir l'Arche.

Après une longue discussion avec Hono, il avait décidé de ne plus faire une sélection artificielle de garçons et de filles arrachés à leur milieu, mais d'introduire dans l'Arche deux véritables cellules sociales, deux familles, qui se trouveraient armées, devant les temps nouveaux, de leur ancienne cohésion.

— Pourquoi deux ? avait demandé Hono.

— Pour les mariages...

— Si vous croyez que les enfants d'Adam et d'Ève se sont gênés !

— Nous n'en sommes plus là, avait dit M. Gé. Coucheriez-vous avec votre sœur ?

— Pas plus qu'avec une autre ! avait rugi Hono.

La première famille choisie était la famille Collignot, y compris Paul, qui avait l'avantage d'y être incorporé tout en fournissant un époux possible pour l'une des filles. L'autre famille était de paysans ardéchois, les Privas. Elle se composait des parents, encore dans la force de l'âge, de deux garçons et d'une jeune servante pupille de l'Assistance publique.

Tout cela était en principe assez complémentaire, mais M. Gé comptait, de plus, faire subir aux deux couples de parents un traitement de triple bogomolets qui prolongerait leur vie d'une centaine d'années et leur permettrait d'avoir encore quelques douzaines d'enfants. Avant un siècle, enfants, petits-enfants se seraient suffisamment mélangés pour former une bonne souche de départ.

C'était à l'appel de l'appareil de M. Gé qu'avaient répondu Aline, Paul et M. Collignot. Quand un nouvel élève du C.I.R.E.A. vint prendre son tour de garde, le poussin évadé s'était déjà envolé par-dessus les murs de la basse-cour, après avoir dévoré deux hectolitres d'aliment 253. Ses aventures allaient pendant les jours qui suivirent attirer l'attention du public et la détourner ainsi du conflit qui s'exaspérait. En Amérique, en Russie, en Suisse, les laboratoires fourbissaient les armes nouvelles. Et l'Angleterre espérait bien profiter de la dispute des trois porteurs d'or ancien pour s'assurer l'or nouveau. Un diplomate palestinien trouva une mort subite au moment où il rédigeait pour son gouvernement un rapport dans lequel il accusait l'Intelligence Service de n'être pas étranger à l'enlèvement du savant russe.

Ce que personne ne soupçonnait, ni d'un côté ni de l'autre, ni le savant lui-même, où qu'il se trouvât, c'était que les traces d'or provenaient du frottement des morceaux de roche de Lune contre son alliance, qu'il portait à la main droite au lieu de la gauche, parce qu'il était divorcé.

XLI

En vingt-quatre heures, le poussin évadé atteignit les dimensions d'un immeuble de six étages, en trois jours il fut aussi grand qu'une colline. Et il continua de grandir. Ses ailes s'étaient développées comme celles d'un oiseau de haut vol, et la population de Moontown, atterrée, le voyait tourner au-dessus de la ville comme un nuage de tornade.

Il ne s'éloignait guère de la ville d'acier. Il semblait attiré vers elle. On crut tout d'abord que c'était l'effet de son instinct natal, mais on fut vite fixé sur ses véritables raisons. La vue de ce volatile bouchant tout un pan de ciel répandait l'inquiétude chez les habitants de Moontown. Le Conseil de la ville prit des mesures d'urgence. Il fit tout d'abord arrêter le directeur du C.I.R.E.A. et le chef de basse-cour, puis remettre en état les batteries de D.C.A. Mais on ne put tirer. Les projectiles avaient été dévissés dans l'enthousiasme du désarmement. Un zoologue de l'O.N.U. déclara que des obus ordinaires seraient d'ailleurs sans effet contre la carapace de plumes de l'oiseau, qui devait atteindre plusieurs mètres d'épaisseur. Il aurait fallu l'attaquer avec des obus au phosphore. Mais un évêque américain avait fait mettre au ban de l'humanité cette arme horrible de la G. M. 2. S'il était permis de bénir les escadrilles qui allaient en déverser quelques milliers de tonnes sur les villes allemandes, c'était au nom du droit, de la justice et de la civilisation. Celle-ci n'étant plus en péril, il convenait de rendre à Satan ce qui était à Satan.

Faute de bombe au phosphore, et les projectiles atomiques offrant trop de danger pour un objectif rapproché, restaient les avions lance-flammes. Les États-Unis offrirent de rééquiper trois escadrilles désaffectées. Cela demanderait quelques jours, peut-être quelques semaines.

En attendant, le Conseil de la ville fit fonctionner les sirènes d'alarme à plein hurlement, chaque fois que la poulette — car c'était manifestement une géline — semblait vouloir se rapprocher davantage de la ville. Les premières fois, elle prit peur et s'enfuit en poussant des gloussements qui faisaient trembler les murs d'acier. Fier de ces résultats, le Conseil fit radiodiffuser des communiqués rassurants, à la fin desquels il déclarait à ses honorables citoyens qu'il fallait tout de même bien se rappeler qu'une poule n'avait jamais fait de mal à personne.

Le dimanche, la poule, malgré le barrage des sirènes, se posa au milieu des parcs intérieurs de Moontown et se mit à picorer la foule qui assistait à un match de football. En quelques instants, elle eut avalé six cents personnes. Puis elle s'envola, à peine plus lourde.

Le monde entier en frémit d'horreur. Mourir du bec d'une poule ! Être avalé, digéré par une poule ! Quel sort pour la créature de Dieu ! Les familles des morts regrettaient qu'ils ne fussent pas plutôt tombés sur un champ de bataille, qu'ils n'eussent pas péri dans un embrasement atomique. Morts, enfin, d'une noble mort...

La population de Moontown profitait de la nuit pour fuir par tous les moyens possibles de loco-motion. Mais la poule, maintenant, étendait sa domination sur toute une partie de l'Afrique. Elle avait atteint la taille d'un massif montagneux et son appétit était à l'échelle. Elle grattait des pans de forêt, picorait des éléphants sauvages, mais n'y trouvait pas satiété. Elle volait lourdement, tou-jours affamée, en quête d'une nourriture qui lui devenait de plus en plus imperceptible. Le souffle de ses ailes déracinait les arbres, emportait les mai-sons. Elle s'abattait sur une ville, avalait les auto-bus, les trains et les camions, grattait quelques quartiers, s'étonnait de ne pas trouver quelque gros ver ou quelque bonne graine, cherchait de son œil rond, poussait un petit cri de déception « croô » qui faisait éclater les tympans à dix kilomètres à la ronde, puis s'envolait en lâchant une fiente où se noyaient dix mille personnes.

Les avions ne purent réussir à l'approcher pen-dant qu'elle était en vol. Ils laissèrent tomber sur elle pendant la nuit des projectiles de toutes sortes qui ne provoquèrent que des incendies locaux et des trous insignifiants dans son manteau de plumes. Le Conseil de l'O.N.U., réuni à La Havane, décida d'employer les grands moyens et passa commande d'une bombe atomique à l'industrie argentine. Toutes les Nations consultées avaient prétendu qu'elles n'en possédaient aucune en stock.

Mais la poule ne devait pas mourir de la main des hommes. Affamée, ne trouvant plus de nourriture à sa taille, elle en fut réduite à manger des mousses, c'est-à-dire des forêts. Cette verdure ne lui suffisait pas et elle s'affaiblissait de jour en jour. Rappelée par l'instinct vers les lieux qui l'avaient vue naître, elle vint s'accroupir sur l'immense cercle de Moontown, fit un dernier effort, se releva, poussa un chant de victoire, fit quelques pas et s'abattit morte, sur mille hectares de forêt. Derrière elle, elle laissait perché sur Moontown, comme sur un coquetier, un œuf tout blanc, son premier et son dernier, au sommet duquel les neiges éternelles commençaient déjà à se précipiter.

Les derniers habitants de Moontown s'enfuirent en hâte, car le poids de l'œuf menaçait d'aplatir la ville. Une menace plus grande encore était celle du cadavre, qui, aussitôt qu'il entrerait en putréfaction, allait empoisonner le quart de l'Afrique. Des milliers d'avions vinrent répandre sur lui des nuages antiseptiques. Il n'en commença pas moins bientôt à bouillonner et à se répandre. Une équipe de savants munis de masques, armés de grues, de scies mécaniques et de pelles, de foreuses, de fouisseuses, de tanks, de tracteurs, de bulldozers, de palans, de chèvres, de treuils, d'échelles télescopiques, de réfrigérateurs, de dynamite et de lances d'incendie à haute pression, avait déjà entrepris d'ouvrir son crâne pour pratiquer l'autopsie de son cerveau. D'autres essayaient de se frayer un tunnel vers son foie et son cœur. Ils durent y renoncer devant l'abondance des sérosités, qui menaçaient de les emporter dans leurs torrents glaireux.

Bientôt savants et curieux durent d'ailleurs abandonner le terrain. De cette montagne de chair en putréfaction se mirent en effet à surgir des animaux informes, transparents, munis de cils, de tentacules, unis en chaîne, rassemblés en globes, rampants, sautants, grouillants, qui se partageaient en deux, en quatre, en seize, en mille, chaque moitié devenant aussitôt un animal entier et se partageant à son tour. Ces immondes se nourrissaient de la pourriture qu'ils empoignaient à pleins tentacules et s'enfonçaient directement dans le ventre. Ils se battaient entre eux, s'affrontaient et s'avalaient et se digéraient sans cesser de se multiplier. Leur travail faisait un bruit d'océan qui s'entendait à des kilomètres.

Les savants les avaient tout de suite identifiés. C'était la flore microbienne habituelle aux putréfactions. Qu'elle fût à l'échelle du cadavre auquel elle s'attaquait, cela provenait sans doute de l'influence de l'aliment 253 assimilé par la poule et présent dans ses cellules. Leur gigantisme était bénédiction. Ils auraient tôt fait de liquider le cadavre. Ensuite, faute de nourriture à leur taille, ils cesseraient de se reproduire et se dessécheraient sur place. On pourrait alors, sans danger, les ramasser et les détruire. Si la décomposition de la poule avait donné lieu à l'habituelle prolifération d'infiniment petits, ce furoncle eût risqué de donner la gangrène à la Terre entière. Mais les infiniment petits devenus grands ne trouveraient pas d'organisme vivant à leur échelle pour y pénétrer. Ils étaient trop lourds pour s'en aller au gré du vent. Ils étaient condamnés à sécher sur place.

Il suffisait, en attendant, de monter la garde autour du cadavre pour empêcher les fauves de venir y tâter. Car lions, hyènes, chacals, nourris de la poule, fussent à leur tour devenus géants.

Il fut relativement facile d'établir un cordon de rayons qu'aucun être vivant ne pût franchir. Et des escadrilles d'avions lance-flammes détruisirent les oiseaux carnassiers qui tentaient de s'approcher de la table si plantureusement servie.

Restait l'œuf.

Diverses propositions furent émises : lui atteler une fusée à réaction qui l'emporterait dans l'éther. Mais ce n'était pas sans risque de casse. Et alors quelle pluie !

Le cuire sur place par radar et en distribuer les morceaux aux populations affamées de l'Inde. L'Angleterre s'y opposa, de crainte que les Hindous ne devinssent géants.

L'enterrer. Mais quel trou il faudrait creuser ! et comment le porter jusqu'à sa tombe ?

Percer un orifice dans sa coque, et, par pipe-line, le vider dans l'océan. C'était risquer d'empoison-

ner les poissons de l'Atlantique ou de les transformer tous en baleines...

On cherchait, on ne trouvait point. Une prime
d'un million de dollars fut promise à qui fournirait
une solution acceptable. Mais les hommes allaient
bientôt avoir d'autres soucis en tête.

Troisième partie

XLII

M. Collignot marche dans la nuit claire. Il a sur la tête son chapeau noir à bord rigide, piqué d'une ganse, le chapeau que portaient, quand il était jeune, les élèves de l'École des Sciences-Po. Sous son chapeau, la peau de son crâne est rose.

Il ne marche pas très vite, car il respire avec difficulté. Le tampon stérilisateur qu'il porte sur le nez et la bouche ne lui permet pas de grandes inspirations.

La nuit vient de tomber. M. Collignot monte à petits pas vers Montmartre, par la rue Blanche. Il marche tranquillement au milieu de la rue. Pas une voiture, pas un piéton, pas un chat. M. Collignot est seul. Il porte sous le bras sa vieille serviette de cuir marron.

André Collignot. Pourquoi André ? Trois cousins qui se nomment André, deux Paul, et un Joseph. Et ma cousine de Toulouse est une Pauline. Mon grand-père était Joseph, et mes deux oncles Paul et André, et ma mère Joséphine. Toujours les mêmes prénoms dans la famille, de père en fils, d'oncle en neveu, de parrain en filleul. Je ne sais qui les a portés en premier. Le vrai prénom d'Irène est Paulette. Mais elle ne l'aime pas, elle a préféré en choisir un autre. Et qui les portera dans l'avenir, ces prénoms ? Et qui les porte encore ? Moi je suis vivant, et aussi ma femme et mes filles. Mais les autres ? Comment savoir ?

M. Collignot marche au milieu de la rue, en plein clair de lune. C'est la seule lumière de la ville. Le bruit de son pas se répercute d'une maison à la maison d'en face, le précède d'au moins deux cents mètres et le suit d'autant. M. Collignot, pourtant, ne pèse que cinquante-neuf kilos, et ne frappe pas le sol du pied, mais l'y pose. Ce n'est pas par respect pour les morts, mais par habitude de bonne éducation. Il ne pense aux morts que lorsqu'ils sentent trop fort à travers son tampon. Les morts sont devenus une présence passive, comme celle des maisons. On ne peut plus s'en émouvoir. Ils sont trop.

Trois semaines plus tôt, un soir de juin, les Parisiens se sont couchés, et ils sont morts dans leurs lits, tous ensemble, vers quatre heures du matin. Ils sont morts avec leurs chiens et leurs chats et leurs oiseaux en cage et les rats des égouts, et les bœufs qui attendaient l'aube aux abattoirs. Mme Malosse est morte, mais sa vaisselle est intacte.

Une chanson tourne dans la tête de M. Collignot. *Paris, c'est une blonde.* On chantait cela quand il avait quinze ans. Le temps de la jeunesse du monde. Chaque génération confond sa propre jeunesse avec celle de l'Univers. À trois cent mille kilomètres à la seconde, la lumière de l'étoile que regarde M. Collignot a mis trente ans pour parvenir à ses yeux. C'est une voisine. Le blanc de l'œil de M. Collignot est un peu jaune et strié de rouge, et le bord de l'iris verdâtre est mol et irrégulier comme le bord d'une huître. L'œil de M. Collignot peut contenir toutes les étoiles.

« Paris, c'est une blonde. » Moi aussi. Ou plutôt j'étais. Un blond. Maintenant je suis chauve, et Paris est mort.

La mort des Parisiens a marqué le début de la Quatrième Guerre Mondiale, la G. M. 4. M. Collignot, pour l'instant, ne pense ni à ces morts ni aux autres. Il pense à ce qu'il va manger ce soir.

Il lève de nouveau la tête vers le ciel. Cette fois-ci, c'est la Lune qu'il regarde. Il la connaît, il y est allé. Enfin, il la connaît, c'est beaucoup dire. Mais il y est allé, c'est certain. S'il n'y était pas allé, peut-être M. Gé n'aurait-il pas pensé à lui et à sa famille pour l'Arche. La moindre des choses peut avoir beaucoup d'importance dans la vie d'un homme.

Que va-t-il manger ce soir ? Des légumes conservés au vert, ou des légumes secs ? Des lentilles ou des haricots ? Il préfère les lentilles. Il y a eu beaucoup de morts dans le monde, mais lui, il est vivant...

Les Parisiens sont morts, mais la vaisselle de Mme Malosse est intacte. Il n'y a pas eu, dans la ville, une seule vitre brisée, un seul envol d'ardoise. Quelques incendies, explosions de machines qui n'avaient plus d'hommes pour les surveiller. Mais c'était accident. La mort silencieuse est arrivée à l'aube, est entrée par les fenêtres, n'a point fait de dégâts. Les moineaux, les pigeons et les rats sont morts en même temps que les Parisiens, et la poussière, jour après jour, grain après grain, s'est déposée sur les meubles, sur les parquets, sur les poignées de portes, sur les rampes d'escalier. Le vent a emporté vers les campagnes la puanteur des cadavres, et les corbeaux sont arrivés.

Ils se sont posés sur les toits, ils sont entrés par les fenêtres, ils se sont bien nourris. Repus, eux les toujours maigres, en ce moment ils dorment, perchés en frises noires le long des gouttières. Le jour, ils se traînent dans les rues, pansus comme des oies, s'accroupissent au bord des trottoirs, digèrent. Parfois quelques-uns, à grand effort, s'envolent, tournoient au-dessus de la ville, et poussent leur cri de joie. Et dans les maisons, dans les rues, sur les toits, sur les ventres des morts, sur les épaules des statues, tous les corbeaux de Paris ouvrent à la fois le bec et poussent une clameur de joie et de merci à Dieu.

Les Parisiens sont morts, et aussi beaucoup d'autres Français, et aussi les New-Yorkais, les Londoniens, les Moscovites, les Romains, et encore bien d'autres. Mais pas tous de la même mort. Et personne n'a choisi.

XLIII

L'attaque sur Paris s'était produite dans la nuit du 3 au 4 juin. Cette nuit-là, comme toutes les nuits depuis deux semaines, M. Gé s'était enfermé dans l'Arche avec Hono et ses hôtes et avait clos hermétiquement toutes les voies d'accès d'air, de lumière et de rayons extérieurs. Il savait que les hostilités pouvaient se déclencher d'un moment à l'autre.

Les peuples ne se doutaient de rien et continuaient de croire à la paix. Les gouvernements, et les hommes qui gouvernent les gouvernements, s'étaient rendu compte que les épreuves de la G. M. 3 étaient encore trop proches pour qu'on pût faire accepter aux peuples l'idée d'une nouvelle guerre, quels que fussent les prétextes, les idéaux ou les épouvantails qu'on agitât devant leurs yeux.

Mais les progrès de la technique étaient désormais suffisants pour qu'on pût se passer du consentement des peuples. Ceux-ci n'avaient plus d'autre rôle à jouer que celui de victime. Il était même préférable de les tenir dans l'ignorance jusqu'au dernier moment. Ainsi tout l'argent, tout le temps dépensés pour susciter, entretenir et diriger les haines avait pu être économisé. Ceux qui taillent le pain des hommes, qui leur préparent lit douillet, couche dure ou sapin, et ceux qui, à leurs ordres, apprennent aux foules à dire «À mort !» «Bravo !» et «Merci !», avaient pu s'épargner la tâche de changer une fois de plus les noms des ennemis héréditaires, et d'essayer de convaincre les multitudes qu'il convenait de mourir afin de vivre mieux. Les énormes budgets de la propagande avaient pu être consacrés au travail plus utile des laboratoires. Ceux-ci étaient prêts.

Ce matin-là, à quatre heures trente et une, les appareils avertisseurs éveillèrent Hono, qui à son tour éveilla M. Gé. Quatre explosions s'étaient produites dans le ciel de Paris. Quatre faibles explosions, à peine audibles, pareilles à des bruits de feu d'artifice mouillé. Pas même assez fortes pour troubler le sommeil d'un chat.

Hono mit en marche le téléviseur et scruta le ciel qu'illuminait déjà le soleil. Juste au-dessus de la Concorde, à deux mille mètres d'altitude environ, quatre petites houppettes blanches, teintées de rose sur leur joue orientale, commençaient à se dissoudre dans le vent léger.

— Ou bien ce n'est rien, dit calmement M. Gé, ou bien c'est le C. 147. Regardez en bas. Un endroit réveillé. Voyez les Halles...

Au premier coup d'œil sur l'écran, ils furent fixés.

— Cette fois-ci, c'est sérieux, dit Hono.

Le grouillement des Halles était un grouillement d'agonie. Tout ce qui était vivant, bêtes et gens, était abattu au sol, en train de se tordre. Hommes et femmes ouvraient des bouches énormes, arrachaient leurs vêtements, se griffaient la poitrine et la gorge, les chevaux se roulaient par terre, brisaient leurs traits, s'éventraient aux timons, écarquillaient leurs naseaux ; les chiens près des détritus de viande tournaient en folie, ouvraient des gueules terribles, mordaient l'air.

Dans les appartements, les Parisiens, qui avaient rejeté leurs draps à cause de la chaleur précoce, s'étaient brusquement réveillés, étaient tombés de leurs lits en se débattant. La plupart moururent près de leur fenêtre ouverte, vers laquelle ils avaient rampé dans l'espoir de retrouver enfin leur souffle.

Le C. 147, c'était peu de chose, une simple poudre. Une poignée répandue dans l'air, faisant office de catalyseur, neutralisait immédiatement, à des kilomètres à la ronde, l'oxygène atmosphérique.

— L'effet ne dure qu'un quart d'heure, dit Hono.

— C'est suffisant, dit M. Gé.

C'était déjà fini. Il n'y avait plus dans les maisons que des cadavres crispés, qui commençaient à se détendre dans la paix de la mort. La lutte contre l'asphyxie avait ouvert toutes les bouches. Des millions de bouches ouvertes, noires.

— Qui ? demanda Hono, en levant la tête vers M. Gé.

— Je ne sais pas, dit M. Gé, quatre nations au moins connaissent le C. 147. Les enregistreurs nous diront laquelle...

Hono se pencha sur l'écran. L'image d'une fillette était là, un petit corps maigre, dans les débris d'une pauvre chemise de nuit à festons, un visage aux yeux à demi sortis des orbites, les joues griffées, les cheveux couleur de paille encore entortillés autour de quelques bigoudis, les autres mèches à demi frisées, hérissées, la bouche ouverte, lèvres retroussées sur les dents où manquaient deux canines.

Rageusement, il ferma le poste et se rassit.

— Pourquoi Paris ? demanda-t-il. La France n'était pas dans la course...

— Justement, justement, dit M. Gé. Elle n'était d'aide à personne. C'est un bon terrain d'essai. Pensez que ces armes, à cause de leur efficacité, n'ont jamais pu être expérimentées à l'échelle voulue... Mais ce n'est peut-être pas seulement une expérience. Il faudrait savoir si les autres villes de France... Voyez donc Lyon, Marseille, Nantes...

Lyon, Marseille, Nantes, et toutes les autres grandes villes, et aussi les moyennes et beaucoup de petites avaient subi le même sort que Paris. Par contre, les campagnes, presque partout, étaient intactes, et les paysans, qui ne se doutaient encore de rien, travaillaient déjà dans les champs.

— Ce n'est pas seulement une expérience, dit Hono. C'est un coup de balai. L'invasion va suivre d'ici quelques jours ou quelques heures...

— Mon pauvre ami, dit M. Gé, sorti de vos instruments, vous manquez de clairvoyance. Il n'y aura pas d'invasion. Vous savez bien qu'il n'y a plus d'armée d'invasion nulle part. La guerre va se faire avec quelques escouades de techniciens enterrés dans des abris. Vous savez aussi que ces techniciens disposent d'armes plus terribles que celle dont nous venons de voir les résultats sur cet écran. Croyez-moi, l'opération contre la France est une simple précaution pour l'après-guerre. Les territoires sur lesquels se dérouleront les véritables hostilités risquent d'être stérilisés pour de longues années. Le vainqueur, si vainqueur il y a, régnera sur des déserts, et ce n'est pas l'or de la Lune qui le nourrira. Nos villes sont mortes et ne mangeront plus, mais nos paysans vont continuer à produire. Des richesses vont s'accumuler. Ce sont ces réserves qui nourriront les survivants, quand tout sera fini. Je suis certain que tous les pays neutres ayant une population agricole ont subi cette nuit le même sort...

— Nous allons bien voir! dit Hono.

— Avant de chercher hors de nos frontières, dit M. Gé, regardez donc un peu vos instruments enregistreurs.

Hono passa les bandes de papier sensible au révélateur. Quand il vit les résultats, il ne chercha pas à cacher qu'il tremblait : les fusées qui s'étaient abattues sur la France étaient arrivées à la fois et au même moment de l'est, de l'ouest, du nord et du sud...

— Ainsi, dit-il, ils se sont entendus contre nous avant de commencer à s'entre-tuer...

— Il fallait bien qu'ils prennent cette précaution, dit M. Gé.

— C'est diabolique, murmura Hono.

— Laissez donc le diable tranquille, dit M. Gé, l'homme suffit...

XLIV

Mme Collignot, assise sur les marches du Sacré-
Cœur, jusqu'à la tombée de la nuit avait tricoté.
Elle ne pouvait pas s'habituer à cette vie souterraine. Elle sortait de l'Arche ainsi presque tous les
jours, et passait de longues heures à regarder la
ville morte, en soupirant et tricotant. Elle était
reconnaissante à M. Gé d'avoir sauvé ses filles,
mais parfois elle regrettait, elle, d'avoir survécu.
Plus de commerçants avec qui discuter, disputer,
marchander, plus de voisines avec qui confronter
ses indignations et ses prévisions... plus rien qu'un
énorme silence, un vide puant.

Tout avait disparu, qui jusqu'alors emplissait le
temps de sa vie : ces mille bouts de conversation
avec n'importe qui, ces présences, ces coups de
coude, ces queues, ces épines de la hargne contre
laquelle il fallait se défendre en projetant ses
propres venins, cette rumeur de la maison, de la
rue, de la ville, dans laquelle elle tenait sa minuscule partie. Elle était une brebis dans le troupeau,
une pierre dans le mur, et le mur était tombé en

poussière et la pierre épargnée ne signifiait plus rien.

Mme Collignot se sentait coupable. Coupable de la mort des autres, simplement parce qu'ils étaient morts et qu'elle vivait. Elle se sentait coupable comme une mère qui se fût préoccupée de se sauver en abandonnant ses enfants. Et pourtant ses filles vivaient. Mais elle était mère, et lorsque assise sur les marches de l'église blanche elle regardait la ville morte, son instinct maternel rejoignait par-dessus les millénaires celui de la première mère des hommes et elle souffrait, dans son cœur et dans sa chair, d'un obscur remords.

Son mari, Irène avaient tenté de la réconforter, de lui parler de l'avenir pour lui faire oublier le passé, mais elle se sentait trop vieille, trop lourde, pour pencher vers ce qui allait commencer plutôt que vers ce qui venait de finir. Les jeunes s'adapteraient, mais elle se sentait incapable de faire autre chose que se souvenir.

Elle avait refusé de se prêter aux piqûres bogomolets. Elle ne voulait pas aller plus loin que son temps. Elle était attachée par des liens trop solides à celui qui s'achevait. Elle acceptait à la rigueur de terminer sa vie, non de la refaire. Mais pour se rendre utile jusqu'à la dernière minute, elle tricotait, tricotait, tricotait des brassières et des barboteuses, des bleues pour les garçons et des roses pour les filles. C'était là un travail de grand-mère. C'était un travail possible.

La nuit venue, elle prit l'ascenseur pour redescendre auprès de ses enfants. Irène préparait le repas du soir. Débarrassée de son tampon stérili-sateur, Mme Collignot sentit le parfum des lentilles au lard.

— Est-ce que tu y as mis un poireau et une carotte ? demanda-t-elle.

Puis elle soupira, car elle se rappelait qu'il n'y avait plus de poireaux ni de carottes. Quelle cuisine pouvait-on faire sans carottes ni poireaux ? Comment une ménagère pouvait-elle s'intéresser à la vie quand manquait l'essentiel ?

— Je me demande ce que fait ton père...

— Tu le sais bien, c'est toi qui l'as envoyé, dit Irène.

— Il y met le temps, dit Mme Collignot. Et Aline ? Et Paul ? Où sont-ils encore ?

— Au laboratoire, sans doute, avec M. Hono.

— Ah ! celui-là !...

— Quoi, celui-là ?

— Rien...

— Qu'est-ce que tu as contre lui ?

— Rien, je n'ai rien contre les singes..

— Oh ! maman !...

— Tu ne vas pas te mettre à aimer un singe ? dit Mme Collignot.

Irène abandonna sa casserole et se retourna vivement vers sa mère. Mais à ce moment entra M. Collignot, guilleret, qui sifflotait : *Paris, c'est une blonde.*

— Ah ! des lentilles ! dit M. Collignot. J'aime mieux ça.

— Alors ? cria Mme Collignot.

— Tout va bien, dit M. Collignot.

257

— Ils sont toujours là ?

— Où veux-tu qu'ils soient ?

— Je ne sais pas, dit Mme Collignot, j'avais peur...

Elle se laissa tomber sur une chaise de cuisine et s'essuya les yeux. Elle était rassurée, mais cela ne mettait pas fin à sa peine. L'armoire normande, le buffet Henri II, la table ronde à rallonges de la salle à manger, la commode de la tante Julie, le bahut en merisier breton, le lit en plastec, et le grand placard de la cuisine si pratique, la penderie, les dix chaises cannées, et la sellette avec son gladiateur de bronze, les deux vases à coquillages, l'*Angélus* de Millet, le lustre à pendeloques et la lanterne en fer forgé du vestibule, le portemanteau en bambous, le porte-parapluie en cuivre repoussé, et les coupons de tissu dans la malle à poivre, et les vieilles robes dans la D.D.T., et le service de table à filet doré qui n'avait servi que quatre fois, pour les deux baptêmes et les deux communions, et les draps, et les taies d'oreiller brodées, et tant et tant de trésors, toute sa vie, son économie, ses soins...

Elle avait supplié M. Gé de lui permettre de transporter ses meubles dans l'Arche. Il n'avait pas refusé catégoriquement. Il avait dit : « Plus tard, plus tard, vous verrez vous-même si c'est nécessaire, quand tout sera fini... Si vous en avez toujours envie vous pourrez aller les chercher ou vous réinstaller au milieu d'eux. Quand tout sera fini... Mais nous en sommes encore loin... D'autres épreuves vous attendent... Pour le moment il ne faut pas encombrer l'Arche... »

Elle s'était résignée. Elle avait une grande admiration, un peu effrayée, pour M. Gé. Ce qu'il avait fait était tellement extraordinaire qu'elle pensait qu'il ne pouvait pas ne pas avoir raison. Mais se séparer, pour toujours peut-être, de ses meubles, ne pas mourir au milieu d'eux... Chaque matin, elle se disait : « Cet après-midi, j'irai les voir, essuyer un peu la poussière, regarder si les mites... je ne sais même pas si j'ai fermé l'armoire à clef, si j'ai éteint l'électricité. Mon fer à repasser va rouiller, et j'ai peut-être laissé de la vaisselle sale, je ne pourrai plus la ravoir... »

Mais au moment de partir elle sentait son cœur fondre à l'idée de retrouver sa maison et de devoir la quitter de nouveau. Finalement, elle avait envoyé M. Collignot lui rendre visite à sa place, prendre des nouvelles...

— Mes amis, dit la voix de M. Gé, je vais m'absenter pendant trois jours. Je vous prie, pendant ce temps-là, de ne pas sortir de l'Arche. Tout peut encore arriver. En cas d'événement grave, conformez-vous aux instructions que vous connaissez. Il est inutile, je pense, de vous recommander de ne pas faire d'imprudence. Vous savez tout ce qui dépend de vous...

Aline et Paul, dans le laboratoire, avaient également entendu M. Gé. Paul, les yeux brillants, se tourna vers Hono.

— Où va-t-il ? Vous le savez ?

— Je pense, dit Hono en haussant les épaules, qu'il va voir un peu ce que font les survivants.

— Des survivants ? dit Aline. Vous croyez qu'il en reste beaucoup ?

— Sûrement, dit-il. Mais sans doute pas pour bien longtemps

XLV

Le père Privas était un petit propriétaire de l'Ardèche, un chef de famille paysanne resté tel que devaient être ses ancêtres mille ans plus tôt. La terre, morcelée, dispersée, sur laquelle lui et ses fils s'acharnaient chaque jour de l'année n'offrait aucune possibilité de motoculture. Le cheval lui-même ne pouvait arriver partout, et c'était une grande mule qui tirait la charrue dans les morceaux les plus escarpés. Sur un tel bien, il n'était pas question de s'enrichir, mais seulement de subsister en y dépensant la peine nécessaire. C'était une peine dure et bénie, qui donnait le blé, le vin, le lait. Un grain de blé petit, sec, transparent comme un silex, dont la farine faisait bien gonfler le pain. Deux barriques de vin léger en couleur et chaud de la langue au pied. Le lait des chèvres et leur fromage. Des poules maigres, hautes sur pattes. Des œufs petits, à la coquille couleur de croûte de pain.

Les cheveux coupés ras une fois par mois, le visage sec, une moustache grise encadrant sa bouche, le père Privas buvait un verre de vin par repas et fumait une pipe par jour. Une pipe en terre rouge, au long tuyau, qui restait accrochée à la cheminée, et qu'il ne décrochait que le soir, tout travail fini. Il ne faisait pas d'effort désordonné et ne gaspillait pas une miette de ce qui pouvait être consommé par des hommes ou des bêtes. Il ne se pressait jamais parce qu'il n'était jamais en retard. Il ne riait pas souvent parce qu'il n'en trouvait pas l'occasion, mais il était bien le contraire d'un homme triste. Il ressemblait à sa terre, sèche sous le soleil, pleine d'une force mesurée et inusable.

Son fils aîné, César, lui ressemblait. Il mesurait un mètre quatre-vingt-deux, ses épaules étaient larges, sa poitrine plate, ses bras longs et durs, ses cuisses hautes. Il avait les cheveux noirs coupés court, les yeux bleus, la bouche grande, les lèvres minces toujours en train de soulever pour sourire — au ciel, aux arbres, aux filles, aux bêtes — un coin de sa moustache qu'il entretenait finement taillée. Le nez droit, le teint de terre cuite, les mains dures comme du bois d'olivier. Vingt-six ans.

Le plus jeune, Auguste, ressemblait à sa mère, comme elle vif, noir et menu. Il avait vingt-deux ans. La jeune fille de l'Assistance publique se nommait Marie-Fructueuse. Elle avait dix-huit ans et se trouvait depuis sept ans dans la famille. Elle était forte et blonde et riait souvent. Certainement, de race du Nord.

Quand le père Privas se réveilla, enfermé dans l'Arche, et entendit la voix de M. Gé lui expliquer pourquoi il se trouvait là, il se laissa emporter par la colère comme il ne se l'était jamais permis de sa vie. C'était bien joli, toute cette histoire, mais qu'allait devenir sa terre ? Sa femme, qui avait le soin des bêtes, était atterrée : qu'allaient devenir les chèvres, les lapins, les poules, le cochon ?

Ils imaginaient mal le cataclysme universel. Parce que leur ferme était loin au-dessus des routes, ils avaient été à peu près épargnés par l'exode de la G. M. 3. Ils s'étaient défendus contre les nouveaux fléaux du ciel comme ils avaient l'habitude de le faire contre les anciens. Leur univers, c'était celui à la mesure de leurs bras. Ils ne comprenaient pas qu'on pût, sous prétexte de sauver le monde, les arracher à leur travail.

Les fils ne disaient rien. Ils avaient l'habitude d'obéir à leur père. La famille était de vieille souche protestante. Il ne serait pas venu à l'idée des garçons de discuter les avis de leur père, ni à l'idée de leur père que cela pût leur venir à l'idée.

Lorsque M. Gé revint, après les trois jours d'absence annoncés, il trouva l'appartement des Privas vide. Mais ses appareils avaient suivi leurs traces. Il ne lui fut pas difficile de les faire de nouveau monter dans l'autogyre qui les avait une première fois amenés. Et lorsqu'ils eurent réintégré leur loge dans l'Arche, il ferma derrière eux les portes, pour ne plus les rouvrir jusqu'au dernier jour. Cet incident le confirmait dans l'excellence de son choix. C'étaient des gens forts et simples, attachés à leur travail et ayant du caractère. Il les avait retrouvés sur la route, à soixante kilomètres au sud de Paris.

Ils rentraient chez eux ! César poussait une légère voiture à bras sur laquelle il avait assis sa mère et posé quelques provisions. Derrière marchaient Auguste et la fille. Devant, le père, son veston sur son bras.

XLVI

Les Nations Blanches qui convoitaient la Lune se trouvaient à peu près toutes au même niveau dans la recherche et la fabrication des armes nouvelles. Elles déclenchèrent les hostilités entre elles dans le jour même qui suivit l'attaque contre les pays neutres. Assurées de l'avenir, elles avaient hâte de régler le présent. Cette fois-ci, il n'y avait plus de camps en présence, plus d'alliances possibles. La victoire ne pouvait pas se partager avec d'aimables grimaces en attendant une nouvelle guerre pour se voler les parts. Cette guerre devait être la dernière et ne laisser qu'un vainqueur. Chacun allait combattre à mort contre tous les autres.

Avant que les foules aient eu le temps de connaître ce que l'aube avait apporté à la France et à quelques pays qui lui ressemblaient, des fusées parties de tous les coins du monde s'abattaient sur elles.

New York. Rues gorgées de voitures, ciel bourdonnant d'essaims d'hélicoptères. Le vieux métro aérien, serpent de ferraille entre les quilles des

265

gratte-ciel. Trottoirs noirs d'oisifs nonchalants, de travailleurs pressés. Millions de fenêtres, trous sombres ou éclats de soleil dans les murs. Derrière les fenêtres, millions d'hommes et de femmes, au bureau, à l'évier, au téléphone, à la table, au sommeil, à l'amour. D'un toit à l'autre, d'un balcon à l'autre, zigzags des molémoteurs individuels, moustiques. L'énorme rumeur de la ville, jaillie d'elle comme les épines d'un oursin.

M. Emmanuel Gordon est en communication avec le premier secrétaire du Président, à Washington. Le premier secrétaire lui dit que tout va bien et que rien ne permet de croire à... Et M. Emmanuel Gordon lui répond qu'il vient de recevoir une communication confidentielle de Paris, et qu'il est en mesure de lui affirmer que des choses graves...

M. Emmanuel Gordon tient de la main gauche l'appareil contre son oreille, et de la main droite dessine, avec un tout petit morceau de crayon, sur une enveloppe, un escargot.

— Yes — yes — yes — no — yes — no — yes — sure...

Par la fenêtre de son bureau, M. Emmanuel Gordon voit la pointe de l'E. S. Building. Ses trois jeunes secrétaires sont déjà au travail devant leurs tables individuelles. M. Emmanuel les a choisies belles, intelligentes et silencieuses.

Dans une rue une tête se lève. La première secrétaire de M. Gordon, blonde, lève les yeux au plafond d'un air étonné. Dans les rues cent têtes se lèvent. Les deux autres secrétaires lèvent la tête.

Dans les rues, dans les maisons, dix mille têtes se lèvent.

— Yes — sure — perhaps — but Mr. Ge said me...

M. Emmanuel Gordon fronce les sourcils, fait « tsst ! tsst ! » à ses secrétaires, mais lève lui aussi la tête vers le plafond. Dans les rues, dans les appartements, dans les bureaux, dans le métro, dans les avions, dans les voitures, toutes les têtes se sont levées vers le bruit.

Un bruit au-dessus de la ville. D'abord un murmure, qui descend sur la ville et l'emplit, un murmure plus fort que le ferraillement du métro, que le ronronnement de toutes les voitures, que toutes les voix de chair, de fer, de flammes de la ville, plus fort que la voix dans le téléphone à l'oreille.

Les secrétaires de M. Gordon ont la bouche ouverte d'étonnement. Elles n'ont jamais rien entendu de pareil. On dirait que tous les avions du monde sont en train de s'approcher de l'horizon M. Gordon a deviné. Il raccroche, il se lève, il dit :

— Shut the window, quickly ! Sit down ! Put your fingers in your ears ! Don't shout !

La brune a fermé la fenêtre, la rousse commence à crier...

Un murmure, un grondement, un hurlement de ciel au-dessus de la ville. Comme si Dieu lui-même hurlait avec sa voix de Dieu.

M. Gordon, très pâle, les mains crispées sur ses oreilles, essaye de garder la maîtrise de sa chair. Il est anglais. Il voudrait mourir bien.

La rousse est courbée en deux, le buste couché

sur sa table, les index enfoncés dans les oreilles. Elle essaye de hurler plus fort que le hurlement du ciel. La brune tremble, de stupéfaction, d'horreur et de plaisir. Jamais, même avec le marin français, elle n'a éprouvé ça. Jamais, jamais. Cela monte de son ventre qui tremble jusque dans sa tête, cela lui entre dans le ventre et dans la bouche et dans les oreilles, mais cela va être bientôt terrible et elle va commencer elle aussi à hurler. La blonde pleure, pleure, pleure.

Toutes les mains de la ville crispées sur les oreilles, tous les doigts enfoncés dans les oreilles. La clameur monte à l'aigu, entre par la peau, monte à l'aigu, entre par les os, monte, monte, monte, à l'aigu, aigu, aigu. Les outils tombent, les téléphones tombent au bout de leurs fils, les avions tombent, les piétons tombent, les voitures se télescopent. Explosions, feux. La clameur, pointe de feu d'enfer, fouille les corps, vrille les têtes, de plus en plus effilée, aiguë, impossible. Paroxysme. Disparue, en haut, à l'extrême sommet de l'audible. Les oreilles ne l'entendent plus. Les corps la sentent comme un épieu, étau, mille marteaux dansants, acide. Les mâchoires crispées brisent les dents. Toutes les vitres de la ville se brisent à la fois, tombent du haut des étages en papillons de lumière. Les aciers claquent. Les muscles en tétanos tordent les membres, déchirent les yeux. Les ciments se fêlent. Chaque cheveu vibre. L'enduit du plafond du bureau de M. Gordon tombe en fumerolles de poussière. Le téléphone se lézarde, se craquelle, s'effrite. La poussière se dépose en

lignes et en nœuds d'ondes sur les corps des trois
secrétaires tordues au sol comme des araignées
et sur celui de M. Gordon, debout, cramponné
à la table, étiré en tire-bouchon, raide, cervelle
bouillie. C'est fini.

Au-dessus de la ville une blanche floraison de
parachutes auxquels sont suspendus des appareils
à ultrasons s'en va vers l'ouest, poussée par le vent.

Il n'y eut pas un seul survivant à New York, pas
plus que dans les autres villes du monde attaquées
de la même façon. Mais à Paris il y avait quelques
rescapés, en plus des habitants de l'Arche.

D'abord un vieil ouvrier tourneur sur métaux, le
père Testet. Malade d'une pneumonie, il avait été
transporté la veille à l'Hôtel-Dieu par sa famille,
qui préférait le voir mourir à l'hôpital plutôt que
chez elle. Il avait soixante-neuf ans. Il était usé, il
ne travaillait plus, et sa pension de vieux lui payait
tout juste ses cigarettes. Il était dans l'âge et dans
la situation où les familles se résignent facilement
à voir disparaître les ascendants.

À l'hôpital, on lui fit aussitôt avaler des cachets
de vessine en quantité suffisante pour détruire tous
ses pneumocoques. C'était une nouvelle substance,
tirée de la vesse-de-loup, qui avait détrôné depuis
quelques années les dérivés de la pénicilline. Mais
aucun mieux ne se manifesta et vers minuit, l'interne de garde, comme il le voyait sur le point de
trépasser, lui fit une piqûre d'un remède nouvellement mis au point et qui promettait de détrôner à
son tour la vessine. On le tirait de la moisissure
bleue du fromage de Roquefort.

La respiration du malade s'accéléra, et comme arrivait l'heure où le jour se lève et où les agonisants se laissent volontiers mourir, il se mit à suffoquer. Une infirmière qui passait par là eut pitié de lui parce qu'il ressemblait à son grand-père. Elle lui administra de la morphine, pour adoucir ses derniers moments, et pour le prolonger un peu, lui mit le masque à oxygène.

Une demi-heure après, l'infirmière, l'interne, tout le monde était mort dans l'hôpital, sauf le vieux. Il se sentait même très bien. Les remèdes avaient fini par agir. Il se débarrassa de son masque, soupira, se détendit, et se mit à ronfler.

La Russie et la Chine avaient été arrosées de bombes à virus. C'était la seule arme susceptible de réduire de telles étendues. L'horrible semence, quintessence polyvalente de peste bubonique, de cholera-morbus, de vérole grande et petite, de gangrène gazeuse, de rage, de tétanos, de lèpre, de typhus, de béribéri, de croup, d'anthrax, de dysenterie, de botulisme et de vomitonegro, avait été suractivée dans les laboratoires, nourrie de charogne d'atomes, entraînée à supporter tous les antivirus, blindée contre les remèdes chimiques, rendue capable de supporter des températures de cinq cents degrés.

La première fusée tomba dans une forêt de sapins, à une centaine de kilomètres de Digitigrad, la cité neuve, la perle du Nord, élevée à la gloire des doigts de l'homme, instruments de base de tout progrès. Elle éclata avec un bruit mou. Un loup, blotti dans une tanière proche, bondit et s'enfuit.

À peine eut-il parcouru dix mètres, qu'un frisson lui raidit l'échine, ses pattes faiblirent, il tomba, se roula sur le dos, se releva, hurla, et commença à pourrir debout. Une pluie verte tombait des arbres. Chaque aiguille de sapin se recroquevillait, devenait une goutte de pus verdâtre. Les branches mollirent comme des asperges, les troncs s'affaissèrent, la forêt s'accroupit, coula en pétrole.

La pourriture gagna la steppe. Elle se dirigeait vers Digitigrad à la vitesse du vent. D'une haleine, elle transforma la moisson de la plaine en fumier. La terre, travaillée dans ses racines et ses germes, se soulevait, crevait en énormes cloques d'où montaient des vapeurs d'égout.

Quelques dizaines de milliers d'athlètes, quelques millions de spectateurs, célébraient à Digitigrad la fête des bras. La mort souffla sur la ville et passa. Cortèges stoppés, rues bloquées. Les chairs gonflent, éclatent, se liquéfient, coulent des os. Des groupes de curieux tordus sur les balcons, accrochés aux toits, des ruisselets de pourriture naissent et serpentent sur les façades. Sur l'immense prodigieuse place, la foule en quelques minutes n'est plus qu'un enchevêtrement de squelettes, une forêt d'os blancs, grimaçante et haillonneuse, qui trempe ses pieds dans un jus d'horreur.

Certains purent entendre avant de mourir le bruit de chaudron de confiture au feu qui précédait l'arrivée de la Putréfaction, mais nul n'en connut l'odeur, car, dès qu'elle parvenait aux narines, elle passait au travers, sculptait l'os du nez et vidait le contenu de la tête...

271

Du Pacifique à la Baltique et à la mer Noire, les fusées tombèrent comme grain dans le sillon. Autour de chaque point de chute s'élargissait un ulcère. En quelques jours ils se rejoignirent et ne formèrent plus qu'une purulence unie.

M. Gé suivait par téléviseur les progrès du mal. Il avait, à l'Orient, sauté sur le Japon, mais épargné la Chine du sud. À l'Occident il s'arrêta à l'Elbe et aux Carpates.

Le père Testet s'était réveillé après douze heures de sommeil, pour constater qu'il avait soif. Il ne s'étonna pas outre mesure de voir tout le monde mort dans l'hôpital, puis dans la ville. Ayant été lui-même si près de mourir au milieu d'une population de bien vivants qui se souciait peu de son sort, il y vit une sorte de revanche et ne pensa pas une seconde à s'attendrir ou à s'effrayer. Il s'introduisit dans les maisons, dans les cafés, fouilla dans les frigidaires, se mit à manger et à boire comme il ne l'avait fait de sa vie. Sa fille n'était plus là pour le nourrir de soupe claire et lui dire : « Papa, ne mange pas tant ! À ton âge ! Ça va te faire mal ! » Il ne s'était jamais senti si bien.

L'Italie avait subi le même matin le même sort que la France. Le Pape — le deuxième Pape américain — qui savait ce qui menaçait le monde, avait passé la nuit en prières. Il ne demandait pas l'impossible. Il ne demandait pas à Dieu la Paix. Depuis le Moyen Âge, l'Église avait renoncé à faire régner la paix parmi les hommes. Elle considérait la guerre comme un mal inévitable. Le Pape faisait ce qu'il pouvait. Il demandait à Dieu de favoriser le plus juste. Il lui resterait, à lui, après, à confondre le plus juste avec le plus fort. Il faut rendre au vainqueur ce qui est à César.

Le Pape priait à genoux, et parce qu'il était âgé et que ses genoux étaient maigres et lui faisaient mal, de temps en temps il se relevait et se reposait en un fauteuil en mâchant un peu de chewing-gum. Il pouvait le faire, ce n'était pas une nourriture, ça ne l'empêchait pas de recevoir à jeun la Sainte Hostie. Il posa son chewing-gum dans un bol d'or et se remit à prier. C'est alors que le souffle commença de lui manquer. Il eut le temps de penser encore aux pauvres hommes, de s'étonner des desseins de Dieu, de lui en demander pardon. Il essaya de garder ses mains jointes, mais malgré tous ses efforts ne put s'empêcher de les porter à sa gorge.

L'Allemagne, que personne ne jugeait plus dangereuse, avait cependant pris secrètement part au conflit. Bien avant de recevoir les fusées chargées de C. 147, elle avait mis en marche, contre l'Angleterre, des armes qui faisaient leur chemin sans que personne au monde se doutât de leur existence. L'Allemagne était la seule, en l'occurrence, à agir pour des raisons purement sentimentales : par haine.

Du plus profond des mines de la Ruhr les armes dirigées contre l'Angleterre se mirent en marche. C'étaient des fuseaux d'acier munis d'un cerveau électronique et d'un dispositif qui devant eux creusait la terre, forait les rochers et rejetait derrière eux les déblais. Ils ne pouvaient pas dévier en direction, mais étaient réglés de telle sorte qu'ils s'enfoncèrent sous la mer du Nord, évitant ainsi la détection des radars sous-marins, remontèrent vers la surface quand ils se trouvèrent sous les terres britanniques, et s'arrêtèrent à quelques centaines de pieds de la surface du sol.

L'Angleterre qui, après la G. M. 3, avait enterré toutes ses villes nouvelles, avait déjà été attaquée, de l'intérieur. Ici et là avaient été déposés, par des agents ennemis, bien avant l'ouverture des hostilités, quelques innocents colis. Une valise à la consigne d'une aérogare, un paquet enveloppé de vieux journaux dans un débarras, une brique dans une cloison, un pot de confiture dans une armoire, un caillou au fond d'un pot de fleurs dans les racines d'un géranium... Un ou deux colis par ville, c'était bien suffisant. Le deuxième n'était là que par précaution.

Au moment voulu, un homme, à quelques milliers de kilomètres, tourna un commutateur, et toutes les villes souterraines de la vieille Angleterre germèrent et fleurirent en même temps vers le ciel, en blanches et rouges fleurs d'Hiroshima.

L'Angleterre continua la lutte.

Ses villes de surface furent alors attaquées aux bombes suprasoniques, et tous leurs habitants transformés en tire-bouchons tétanisés, leurs cervelles en lait caillé.

L'Angleterre continua la lutte.

Des bombes au virus liquéfièrent ses cultures et ses cultivateurs.

Le gouvernement de Sa Majesté, enfermé dans un abri à six cent mille pieds sous les monts de Cor-

274

nouailles, déclara que l'Angleterre n'abandonnerait jamais. Les quelques centaines de survivants, pour la plupart techniciens combattants enfermés dans leurs forteresses, serrèrent les dents.

C'est alors que s'alluma, au sein des engins venus de la Ruhr, le feu moléculaire. Cinq cents volcans jaillirent du Firth à la Cornouailles, la terre trembla, se fendit, des nappes de lave recouvrirent les campagnes. Le sous-sol fondait, le sol pétillait. L'Angleterre fut cuite. Quand le feu s'apaisa, l'île n'était plus qu'une brique.

Les autres rescapés de Paris étaient les puces, les punaises, les cancrelats, les blattes, les fourmis, les mille-pattes.

De toutes les nations européennes, c'était la Suisse qui avait le moins souffert. Elle avait su empêcher les bombes camouflées dans des bagages à main de franchir ses frontières. Elle avait caché sa population profondément sous les Alpes. Les ultrasons avaient provoqué des avalanches et lézardé quelques massifs, mais généralement sans atteindre le cœur des abris forés dans les montagnes. Et le virus lui avait été épargné, sans doute à cause de sa position au cœur de l'Europe occidentale, grenier préservé.

Les villes souterraines américaines, coulées en ciment armé, s'étaient avérées d'une protection peu efficace. Les armatures de fer avaient guidé les ultrasons jusqu'aux plus profonds étages. Seule, la Nouvelle Miami, construite en plastec à six cents mètres au-dessous du sol, avait gardé ses habitants indemnes.

XLVII

M. Gé, en trois jours, avait survolé le monde. Son voyage lui avait permis de compléter les renseignements donnés par les instruments du laboratoire.

— La première phase des hostilités est terminée, dit-il à Hono. Il y a un vaincu, l'Angleterre. Il n'y a pas encore de vainqueur. Les laboratoires sont presque partout intacts, mais les stocks de projectiles doivent être épuisés. La dernière partie va se jouer autrement. Qui la gagnera ? Les États-Unis me paraissent hors de combat, la Suisse est en bon état, et elle possède l'arme suprême. Mais osera-t-elle l'employer ? Elle manque d'agressivité, elle n'a pas l'habitude. Pour l'instant, c'est la Russie qui me semble la mieux placée. Elle va sûrement remporter l'avant-dernière manche, et la dernière si la Suisse n'ose pas.

— On verra bien, dit Hono. En tout cas, nous sommes prêts.

Dans les jours qui suivirent, les sympathisants que la Russie était parvenue à introduire partout sauf en Suisse provoquèrent des révoltes au sein des nations combattantes, ou tout au moins, de ce qui en restait, c'est-à-dire des forteresses et laboratoires souterrains, et des quelques villes enterrées épargnées par miracle. Chacun de ces îlots fut proclamé République Socialiste Indépendante. La Russie n'existait plus, mais les deux tiers du monde lui appartenaient. Ce n'étaient guère que de vastes étendues couvertes de morts, mais le Président de la République Socialiste de Miami (Floride) déclara, faisant allusion aux nations et aux classes capitalistes réduites à l'état de monceaux de cadavres : « Il vaut mieux régner sur ces charognes qu'être leurs esclaves. »

La guerre s'était déroulée uniquement entre nations blanches. Celles-ci avaient autant que possible, sur l'avis des économistes, épargné les territoires peuplés de Noirs, de Jaunes et d'Arabes, afin de retrouver, une fois le conflit terminé, des clients...

La Russie put croire qu'elle avait définitivement gagné la partie quand les nations arabes se déclarèrent, à leur tour, Républiques Socialistes. Restait un dernier adversaire, la Suisse. Et dans les campagnes épargnées des nations neutres, les paysans se refusaient à devenir socialistes ou même à ressusciter toute sorte de gouvernement central. Ils avaient fait les moissons et se préparaient tranquillement aux travaux de l'automne. Ils ne voulaient rien savoir de plus. Ils commençaient à soupçonner que tout n'est pas toujours très bon dans un gouvernement, quelle que soit sa forme, et à croire qu'ils n'avaient besoin d'aucune loi pour les aider à labourer.

Devant ces résistances, les dirigeants de l'Internationale des Républiques Socialistes, réunis à Bougie, décidèrent de pousser immédiatement leurs avantages et d'en finir coûte que coûte. Du Maroc, des légions arabes passèrent en Espagne et remontèrent vers les Pyrénées.

Dans le même temps, une armée chinoise se dirigeait vers l'Europe par l'Iran et l'Asie Mineure.

Le gouvernement anglais, qui avait compté se réfugier dans les sous-sols de Moontown, avait vu ses plans bouleversés par la poule atomique. Une escadrille américaine de forteresses stratosphériques avait, le premier jour, attaqué avec des bombes de soixante tonnes l'œuf posé sur la Ville d'Acier. Et celle-ci et tout ce qu'elle contenait, et les derniers vestiges de l'O.N.U., avaient été submergés par un déluge de blanc et de jaune.

Les conducteurs des six cents camions à chenilles qui transportaient les archives des ministères s'arrêtèrent en pleine forêt vierge, attendant des ordres de la métropole. Les ministres furent cuits avant d'avoir pu les donner. Les papiers fournirent de la nourriture aux termites et des cache-sexe aux négresses.

La dernière partie allait se jouer entre une minuscule nation, dernier refuge d'un capitalisme périmé, et le reste du monde, représenté par deux armées barbares et une poignée de réformateurs épris d'une justice totale.

Il ne s'était pas écoulé plus de neuf semaines depuis l'éclosion dans le ciel de Paris de quatre petites fumées blanches.

XLVIII

Lucien Hono et M. Gé étaient assis dans deux fauteuils dont les pieds, plus courts d'un côté, étaient retenus par des cales sur le sol en pente d'une longue salle voûtée. La douce lumière de l'Arche les enveloppait, sans un soupçon d'ombre, et le silence les enveloppait, sans un soupçon de bruit.

Devant eux, couchée sur un chariot posé lui-même sur des rails, une fusée emplissait presque toute la salle déclive, sa pointe dirigée vers une porte de béton et d'acier. La fusée avait une trentaine de mètres de longueur et un peu plus de deux mètres de diamètre. Elle était jaune. Elle était de plomb et d'acier revêtus d'or.

— Elle est prête, elle est pleine, dit Hono.

Il était content de son travail. Ce serait le dernier. Il ne servirait à rien. C'était une tentative absolument inutile. Mais c'était du beau travail. Il était satisfait de l'avoir mené à bien, et de savoir que ce bel objet n'était guère plus qu'un dernier soupir.

Il avait entrepris la construction de la fusée tout de suite après la fin de la G. M. 3, sur les instructions de M. Gé. Celui-ci avait appris que la Suisse venait de mettre au point l'arme suprême, et il savait que contre cette arme-là l'Arche n'offrait aucune protection. Il n'y avait aucun abri possible contre la grande mort, la mort paisible qui envelopperait la Terre d'un doux linceul. Il était tout à fait inutile d'essayer d'y échapper en s'enterrant. La grande mort entrerait dans la Terre jusqu'au cœur. Il restait une chance à l'homme, c'était de s'arracher à la Terre et de gagner l'éther.

La fusée ne pouvait emporter qu'un couple, et quelques animaux et sacs de graines. Le long cylindre était presque entièrement occupé par les instruments automatiques de navigation.

Les sacs de graines étaient déjà en place, et aussi le taurillon et la génisse, l'étalon et la jument, la chienne enceinte, la ruche avec sa réserve de sucre, la poule couveuse sur ses deux douzaines d'œufs, trois brebis pleines, quelques douzaines de vers de terre dans une motte, quelques petits oiseaux, et des insectes dans un bocal. C'était tout. Il avait fallu choisir.

Les animaux étaient endormis. Ils resteraient dans cet état de léthargie pendant tout le temps que durerait le voyage, c'est-à-dire environ dix ans. Ils se retrouveraient, à leur réveil, exactement pareils à ce qu'ils étaient au moment de s'endormir. Ils n'auraient ni grandi ni maigri. La fusée, après avoir tourné autour de la Terre pendant dix ans, hors d'atteinte de la grande mort, se reposerait doucement non loin de son point de départ. Alors tous ses occupants s'éveilleraient. Ce serait peut-être pour vivre ou peut-être pour mourir. Car M. Gé ne savait pas si l'effet de l'arme suprême serait temporaire ou définitif et, temporaire, s'il durerait des jours, des mois, des années ou des siècles, si la Terre resterait définitivement morte, ou si elle pourrait de nouveau accueillir la vie, et quand... Le physicien suisse Emboulestein, qui avait inventé l'arme, n'en savait rien lui-même. M. Gé tenterait la chance, une simple chance, simplement.

— Il va falloir y faire entrer le couple, dit M. Gé. Ce n'est pas la peine d'attendre davantage. Il vaut mieux être prêt à tous moments. De toute façon, Irène et César s'endormiront dès qu'ils seront allongés dans leurs loges. Puisqu'ils doivent y rester dix ans, quelques jours de plus ou de moins...

— Je ne suis pas tellement sûr, dit Hono, que les Suisses emploieront l'arme. Ce sont des réalistes. Ils anéantiraient leurs adversaires, c'est entendu, mais eux aussi...

— Vous oubliez, dit M. Gé, que l'arme est entre les mains de son inventeur, Emboulestein. Emboulestein est un individualiste farouche, un fanatique de la libre discussion. Il préférera faire périr le monde que le voir renoncer à la liberté de pensée et d'expression.

— Je le comprends, dit Hono, et je le remercie d'avance, si c'est à lui que toute cette idiotie doit de prendre fin. Il n'y a que trop longtemps qu'elle dure. Combien de millions d'années ? On ne le sait même pas. L'homme n'a même pas été capable de garder le souvenir de toutes les stupidités qu'il a accumulées depuis qu'il est sorti de la boue. Il est grand temps qu'il y retourne.

— La boue, dit M. Gé, c'est une façon de parler. Il n'y aura plus de boue.

— Avez-vous mis Irène et César au courant de ce que vous comptez faire d'eux ? demanda Hono.

— Non, dit M. Gé. Pour éviter toute discussion, je les ferai entrer dans la fusée par le même moyen que j'ai employé pour les faire venir dans l'Arche. Ce n'est pas indispensable, mais cela me fera gagner du temps. L'appareil qui leur donnera l'ordre d'entrer dans la fusée mettra aussi dans leur tête tout ce qu'ils doivent savoir : où ils sont, pourquoi, et ce qu'ils auront à faire en se réveillant.

— Ils auront à mourir, dit Hono. J'ai étudié l'arme. Je sais ce que je dis. La Terre ne pourra pas reprendre seule son état premier. Il faudrait l'intervention d'un antidote. Si moi je ne l'ai pas trouvé, qui voulez-vous qui le trouve, dans le peu de temps qui reste ?

— Où en êtes-vous de vos recherches ? demanda M. Gé.

— Théoriquement, j'ai abouti. Mais il manque un élément impondérable, un je ne sais quoi, peut-être tout simplement la vie...

Il resta un instant songeur, ajouta :

— Je dois dire que je suis assez content de n'avoir pas trouvé. D'ailleurs vous savez que le remède serait aussi redoutable que le mal...

Il alluma une nouvelle cigarette, se leva, fit quelques pas, posa sa main sur le flanc d'or de la fusée et la caressa doucement. Il dit :

— Joli cercueil...

XLIX

Les armées arabes avaient franchi les Pyrénées
et s'avançaient le long des rivages méditerranéen
et atlantique. Les paysans se battaient à coups
de faux et de fusils de chasse, mais succombaient
comme l'herbe tendre devant les criquets. Quelques-uns, d'abord, puis beaucoup d'autres ensuite,
se convertirent, pour être épargnés, à la religion
des deux prophètes.

Les parachutistes chinois s'abattaient sur la
Suisse. Les premières vagues furent détruites, mais
il en arrivait d'autres, d'autres. Ils tombaient du
ciel comme grêlons. Ils occupèrent en quelques
jours tout le pays. Les Suisses, enfermés au cœur
des Alpes, se préparèrent à un siège interminable,
et sans espoir.

Quelques rôdeurs venus des campagnes se ris-
quèrent dans Paris, un mouchoir serré sur le nez
pour filtrer le plus épais de l'odeur des morts. Mais
ils durent fuir devant l'assaut de milliards de puces
qui se précipitaient sur les passants, les envahis-
saient en quelques secondes des orteils à la nuque

et les perçaient comme écumoires. M. Gé se vit obligé de faire fermer les portes de l'Arche pour éviter l'intrusion des insectes. Il savait d'ailleurs qu'on était aux derniers jours. Il était très calme. Bientôt ce serait la Paix.

Aline et Paul ne quittaient guère le laboratoire, s'émerveillant de chaque instrument, posant des questions à Hono qui répondait ou ne répondait pas, souriait ou criait. Mais ils se souciaient peu de ses colères. Ils n'y croyaient pas. Ils étaient trop enthousiasmés par son savoir pour croire qu'il y eût en lui quoi que ce fût de mauvais. Il les avait laissés entrer une fois par faiblesse et indifférence, et ils étaient revenus tranquillement.

Mme Collignot sombrait dans le gâtisme. Elle ne se rendait plus bien compte du lieu où elle se trouvait ni des circonstances qui l'y avaient amenée. Elle n'était sûre que d'une chose : qu'elle avait bien lieu de se plaindre ; et elle ne s'en privait pas. M. Collignot passait la plus grosse partie de son temps auprès d'elle. Il n'avait rien à faire. Il essayait de consoler sa vieille compagne.

Irène avait été plus satisfaite qu'étonnée de retrouver Hono dans l'Arche. Elle avait cru tout d'abord qu'il avait été comme elle choisi par l'organisateur, mais elle avait été vite détrompée, sans qu'Hono, d'ailleurs, se fût donné la peine de préciser quel rôle exact il jouait dans l'aventure. Il lui demanda de continuer à travailler pour lui. Il avait dû licencier tout son personnel de laboratoire avant l'admission des nouveaux passagers de l'Arche, et, tout seul, il perdait du temps à des bricoles. Il en perdit bien davantage quand Irène fut là. Elle était dactylo, et non point laborantine, et il fallait plus de temps au savant pour lui expliquer comment effectuer la moindre manipulation que pour l'exécuter lui-même. Il eut plus de ressources avec Aline et surtout avec Paul, qui comprenait d'un clin d'œil et se montrait d'une adresse extrême.

Irène était maintenant bien certaine de son amour pour Hono. Il était plus petit qu'elle, maigre, noir, nerveux, méchant; il tenait à la fois du vieillard et de l'enfant, il ne lui adressait la parole que pour des critiques hargneuses ou ironiques, il ne manquait pas une occasion de lui dire son mépris des femmes et son dégoût de l'amour, tout cela n'empêchait rien, elle l'aimait. Et elle était tranquille, sûre qu'il l'aimerait aussi un jour, sur la Terre des temps nouveaux. Elle pensait que cette verbosité épineuse n'était que l'appareil de défense d'une trop tendre amande. Il faudrait sans doute un peu d'audace pour atteindre celle-ci, un peu de violence, casser l'écorce. Cela ne lui déplaisait pas.

Hono, pris d'une crise de patience, expliquait ce soir-là les mystères de l'atome à Paul et Aline. Assis devant une table de verre, il dessinait sur une feuille de papier, à traits nerveux, le noyau central, et les particules qui tournent autour comme des planètes autour d'un soleil. Paul était assis à sa gauche et Aline à sa droite. Elle écoutait, attentive, la bouche entrouverte, ses grands yeux noirs brillant d'intérêt. Paul fronçait les sourcils, et, les deux mains jointes devant la bouche, se mordait le pouce gauche. Irène, assise un peu en retrait, écoutait moins qu'elle ne regardait. Elle regardait les trois dos devant elle, noyés un peu dans le brouillard de sa myopie et de son rêve. Elle savait que les deux adolescents s'aimaient et elle en était heureuse. Elle était heureuse d'entendre la voix de l'homme qu'elle aimait, une voix pour une fois paisible, attentive, sans hargne...

— Voilà, dit Hono. L'Univers est donc composé de ces systèmes solaires en miniature. Tous les corps, gazeux, solides, liquides, le verre de cette table, la mine de mon crayon, la trace qu'elle laisse sur le papier, la fumée de ma cigarette, la salive que j'avale, ma chair, mes os, les murs de l'Arche et les rochers qui l'entourent, sont des assemblages de constellations.

« Il y en a quelques milliards dans un de tes cils, dit-il à Aline, et dans le temps que tu mets à fermer la paupière, les astres qui le composent voient se succéder les civilisations. Et notre terre, notre soleil, races, nations ; notre ciel et ses milliards de soleils, et les planètes qui tournent autour d'eux et où des créatures aussi stupides que nous s'entre-tuent pour des grains de poussière, tout cela se trouve peut-être à l'aise dans l'ongle du petit doigt d'un être inimaginable, agenouillé pour prier Dieu... Cet ordre momentané de son corps, c'est notre éternité. Cette rognure d'ongle, c'est notre infini. Qu'adviendra-t-il, s'Il se livre à la manucure ? »

Aline était bouche bée. Hono continua :

— Il est vrai que notre Univers, celui que nos instruments nous permettent de connaître, semble avoir une caractéristique particulière. On croit — on n'en est pas tellement sûr, il ne faut jamais se montrer trop sûr de rien — que les étoiles qui le composent s'éloignent les unes des autres à des vitesses considérables. Si c'est vrai, si notre Univers est vraiment en expansion, c'est qu'il fait sans doute partie d'une molécule non point solide ni liquide, mais gazeuse... Tout cela, tout ce que vous pouvez voir dans les ciels d'été, et tout ce que vous pouvez imaginer derrière, tout ce grouillement d'immensité d'étoiles, dont la moindre est mille fois plus grosse que notre soleil, tout cela est moins que rien, une bouffée, un petit morceau de soupir d'un dieu amoureux.

Il sourit, puis eut un petit rire grinçant et ajouta :

— Ou un pet !...

Irène se leva. Elle fit tomber sa chaise. Aline se retourna et vit sur le visage de sa sœur une expression si étrange, ou plutôt un si étrange manque de toute expression qu'elle poussa un cri et la montra du doigt.

— Qu'est-ce qu'il y a ? dit Hono.

Mais dès qu'il eut vu le visage d'Irène, il sut. Irène se dirigea tranquillement vers la porte et sortit, sans avoir dit mot à personne. Aline cria : «Irène !», et voulut courir vers elle, mais Hono la retint par le bras.

— Laissez-la tranquille, dit-il, elle ne vous entend plus, et vous ne pouvez plus l'arrêter... Et

il s'étonnait de s'entendre tout à coup dire « vous »
à cette gamine.

— Qu'est-ce qu'elle a ? demanda Aline, affolée.
Qu'est-ce qui lui arrive ? Où va-t-elle ?

— Elle n'a rien. Elle va où elle doit aller, pour
faire ce qu'elle doit faire.

— C'est encore un truc de M. Gé ? demanda
Paul.

— Oui, dit Hono, souriant d'un coin de bouche,
un truc de M. Gé, un petit truc, un pauvre truc...

M. Gé était dans la salle de la fusée, en compagnie de M. Collignot et du père Privas. Il les avait
convoqués, une heure plus tôt, et venait de leur
expliquer la situation.

— Maintenant, vous savez tout, dit-il. Il y a
mille chances contre une pour que d'ici quelques
jours tout ce qui vit actuellement dans l'Arche soit
mort, sauf les graines, les animaux et l'homme et
la femme que cette fusée aura emportés hors d'atteinte.

Il s'approcha d'un tableau de commande encas-
tré dans le mur, et releva une manette. Une raie
noire coupa verticalement le flanc de la fusée et
s'agrandit. Un panneau glissait doucement, dégageant un rectangle d'une deuxième cloison intérieure, de métal blanc mat. Dans ce rectangle, deux
carrés se soulevèrent comme des couvercles à
charnières, dégageant deux ouvertures demi-circu-
laires.

— Voilà, dit M. Gé, les logements des passagers.

— Ça ! s'écria M. Collignot, mais ils ne pourront ni bouger ni respirer !

— Ils ne bougeront pas et ils ne respireront pas, dit M. Gé, ils dormiront comme dorment des cristaux, sans aucun mouvement, sans aucun échange gazeux. Quand ils se seront glissés dans ces logements, dans ces sortes d'étuis, la mousse minérale que vous voyez en mince couche autour des parois se mettra à croître et comblera le vide. Il n'y aura plus, à l'intérieur de chaque logement, qu'un bloc inerte, avec la vie endormie comme au germe d'une graine. Quand la fusée redescendra sur la Terre, les portes s'ouvriront, la mousse s'effritera, et les graines de vie germeront...

Le père Privas ne comprenait pas grand-chose, et M. Collignot était plus effrayé qu'émerveillé.

— Mais, si ce que vous craignez ne se produit pas ? dit-il.

— Alors la fusée ne partira pas, dit M. Gé. Elle est réglée de telle sorte qu'elle partira seule, automatiquement, dès que les effets de l'arme commenceront à se faire sentir dans l'Arche. Il faut qu'elle soit prête, dès maintenant, avec ses passagers. Si rien ne se produit, quand nous seront sûrs, absolument sûrs, que nous n'avons plus rien à craindre, nous délivrerons votre fils et votre fille. Il suffit d'ouvrir la fusée comme je viens de le faire. La mousse minérale tombe en poussière et l'air entre de nouveau dans les poumons des passagers, qui s'éveillent au bout d'un temps assez bref, exactement dans l'état où ils s'étaient endormis. Si le danger se manifestait de nouveau, il suffirait d'introduire de nouveaux occupants dans les deux demi-cylindres et de les refermer. Et la fusée serait de nouveau prête à partir.

À ce moment, une porte s'ouvrit dans le mur de la salle, et Irène entra. Son père s'avança vers elle, mais elle ne le vit pas. Elle alla droit vers la fusée, s'arrêta devant le panneau ouvert, et commença à se déshabiller. César était entré quelques pas derrière elle, et lui aussi commençait à se défaire de ses vêtements. Un instant, ils furent nus l'un et l'autre. Ils s'ignoraient comme ils ignoraient tout ce qui était autour d'eux.

— Je crois que j'ai bien choisi, dit M. Gé avec un petit sourire.

Ils étaient beaux. Lui grand, long, large et plat, les poignets et les chevilles solides et un sexe bien assis sur des testicules trapus. Elle ronde, les épaules douces, les seins lourds et bien tenus, les hanches en joues de roses, le ventre spacieux porté par des cuisses comme des colonnes, à peine galbées aux genoux, et des pieds sans blessures ni déformations, capables de soutenir le poids des grossesses.

M. Collignot en avait la respiration coupée. Il n'avait plus vu sa fille nue depuis son dernier bain de fillette. Il découvrait une étrangère, une femme qui avait poussé loin de lui, à l'abri des étoffes, qui n'était plus sa fille mais seulement une femme, une femme qui le quittait, qui s'en allait avec un homme qu'il ne connaissait pas, qui s'en allait pour appartenir à cet homme. Et que leur mariage fût étrange, cela n'était pas plus étrange que le simple

ait du mariage, que le simple fait qu'une fille gran-
dît, poussât, s'épanouît, acquît les mystères ovu-
aires, simplement pour pouvoir un jour quitter
ceux qui l'avaient faite et donner tout ça, qu'ils
avaient fait, à n'importe qui...

Il regarda César avec des yeux soupçonneux et
vindicatifs, puis il soupira et hocha la tête. Qu'y
pouvait-il? Une robe blanche n'eût rien changé
à la chose, mais, tout de même, l'eût un peu
estompée...

Le père Privas regardait Irène des pieds à la tête.
Il dit :

— Elle a l'air forte. Ça ira...

Il pensait aux travaux de la ferme.

César, puis Irène, se glissèrent chacun dans leur
logement. Ceux-ci étaient en pente. Quand leurs
pieds eurent atteint le fond, les deux jeunes gens
restèrent immobiles, comme deux bouteilles dans
leurs casiers. Le sommet de leur tête s'apercevait
dans la pénombre.

M. Collignot se précipita vers la fusée.

— Irène, ma chérie!...

Il se pencha dans l'orifice et posa ses lèvres sur
les cheveux blonds lisses. M. Gé, la main sur la
manette, attendait. Quand M. Collignot se releva,
reniflant, la main de M. Gé s'abaissa, les couvercles
redescendirent doucement vers les ouvertures, le
panneau glissa et reprit sa place. La fusée ne fut
plus qu'un bloc lisse, brillant doucement comme
un soleil d'aube.

— Il me semble que je viens de la mettre au
caveau, dit M. Collignot, après s'être mouché.

— Mon cher Monsieur, dit M. Gé, c'est nous qui sommes ici dans la tombe. Eux vont s'envoler vers la vie...

Il s'était bien gardé de leur dire qu'il n'en était pas tellement sûr que ça. Il les poussa doucement vers le couloir. Le père Privas ruminait. Il se disait qu'après tout cet homme n'avait pas l'air d'un bandit ni d'un fou. Paris était mort, cela il l'avait bien vu lors de sa tentative de retour au pays. Et la guerre continuait. Si tout le monde devait mourir, il fallait bien essayer de faire quelque chose. Cet homme avait l'air de savoir ce qu'il fallait faire. César était un bon fils. Quand il serait redescendu, il retournerait à la ferme. Dans quel état il la trouverait ! Heureusement que la toiture venait d'être refaite, l'essentiel résisterait. Et puis il pourrait prendre les meilleurs champs du pays. Mais où mettrait-il la vache et le taureau ? On n'avait jamais eu que des chèvres, à la maison. Et jamais le cheval ne s'habituerait aux chemins du pays, surtout un cheval entier. Si ce monsieur lui avait demandé conseil, il lui aurait bien dit de mettre plutôt une paire de mules, dans la fusée. Il est vrai que ces bêtes ne se reproduisent pas. Et César n'avait jamais accouché de vache. Enfin il se débrouillerait, il n'était pas manchot. Il est vrai qu'il faudra qu'il accouche aussi sa femme, mais c'est moins délicat. Ce monsieur aurait dû prendre une vache qui avait déjà porté, plutôt qu'une génisse, que le passage soit fait. Enfin César se débrouillerait. Au bout de dix ans, la conduite couverte de tuiles qui amenait l'eau de la source serait sûrement effondrée et bouchée Enfin, il se débrouillerait. Sa femme était forte, pas habituée aux gros travaux, sûrement, mais enfin elle était forte, ils se débrouilleraient. Mais rien que deux paires de bras à la ferme, c'était pas beaucoup. Et quand la femme serait grosse, et quand les gosses seraient là, César serait pratiquement seul. Ce serait un gros travail. Et tout à coup le père Privas réalisa que César se trouverait devant ce travail énorme : redonner à toute la Terre la vie des plantes, des bêtes et des hommes ; cette idée subite l'écrasa. Mais il était un paysan, il savait qu'il suffit de faire chaque jour le travail du jour pour venir à bout de tout ce qui est à faire. Il y aurait le travail de chaque jour, puis le travail de chaque génération. Il se dit : ils se débrouilleront.

I

M. Gé avait recommandé aux deux hommes de ne rien dire autour d'eux du péril qui menaçait. Les passagers de l'Arche sauraient bien assez tôt ce qui les attendait. Mme Privas s'étant inquiétée de l'absence de César, son mari lui dit simplement qu'elle n'avait pas à s'inquiéter, et elle ne demanda rien de plus. Auguste se montra plus curieux, mais le père leva sa main gauche à hauteur de l'épaule, paume en avant, et fit une moue pour indiquer qu'il ne dirait pas un mot de plus. Et ce fut tout. Marie-Fructueuse, la servante, n'avait rien osé demander, mais de ce jour jusqu'à celui de sa mort, elle ne cessa de se tourmenter pour le grand garçon. Elle eut le temps d'apprendre, avant de mourir, ce qu'il était devenu, mais elle n'en fut pas apaisée.

Le père Privas savait qu'il allait mourir, et que sa vieille femme, qu'il aimait bien, et son fils Auguste, et aussi la servante, allaient mourir. Mais pour lui, la vie avait cessé au moment où ils s'étaient retrouvés dans cette prison qu'on lui avait donnée comme abri. Il savait que toute ses bêtes avaient dû crever ou s'enfuir, que sa moisson s'égrenait sur place, que la luzerne séchait. Et la porte de la maison était peut-être restée ouverte aux vagabonds. Il avait demandé encore une fois à M. Gé de le laisser retourner chez lui avec sa famille. M. Gé avait refusé. Alors, puisque la ferme était en train de mourir, que ceux qui étaient au monde pour la servir cessent de vivre, c'était dans l'ordre, il n'y avait rien à dire.

M. Collignot, lui, regrettait sa carrière interrompue, son métier, son bureau, ses traductions, mais il s'apercevait avec étonnement qu'il n'avait pas peur. Il cherchait d'où lui venait cette tranquillité et il comprit qu'elle provenait de la certitude que le monde entier périrait en même temps que lui. D'où il conclut que la peur de la mort est un réflexe de protestation contre l'injustice. Mourir en sachant que d'autres vont continuer à respirer, jouir, souffrir, voilà qui est insupportable. Si tout le monde y passe, alors il n'y a plus rien à dire.

Mais quand, pour la première fois après la communication de M. Gé il se retrouva en face d'Aline, qui venait vers lui, rieuse, lui mettait les bras autour du cou et lui faisait claquer un gros baiser dans l'oreille gauche, comme elle avait coutume de le faire, son cœur lui monta à la gorge et il suffoqua. Aline! Fallait-il qu'Aline mourût, alors qu'elle n'avait pas commencé de vivre? En bon père aimant et aveugle, il ignorait qu'Aline avait connu la joie incomparable que donne aux adolescents la découverte de l'amour. Eût-elle vécu mille années, elle n'avait plus rien de semblable à connaître.

Hono ne dormait plus. Depuis le départ d'Irène, le vautour de Prométhee s'était introduit en lui et lui mangeait le cœur et le foie. Il était bien obligé d'en convenir : il aimait cette fille. Il aimait. Ah, la belle histoire ! Finir dans la peau d'un idiot amoureux ! Passer les derniers jours, les dernières heures, peut-être, de sa vie, à souffrir d'un mal aussi incroyablement stupide ! à essayer de se rappeler un visage, une silhouette, la forme d'un geste, le son d'une voix, d'un rire ; à humer, au coin d'un couloir, les traces d'un parfum qui se meurt...

Le jour, cela était encore supportable, il s'acharnait au travail, discutait avec M. Gé des progrès de la guerre en Suisse, recommençait à travailler, tentait de mettre au point la parade à l'arme suprême. Il avait fabriqué l'anticorps, mais celui-ci restait inerte, et Hono cherchait, cherchait quel catalyseur pourrait le rendre actif. Et même s'il le trouvait, il faudrait encore découvrir un moyen pratique de l'utiliser, car ses effets seraient aussi meurtriers que ceux de l'arme à laquelle il s'opposerait. Hono savait qu'il n'aurait pas le temps de trouver, mais il continuait, pour occuper ses journées.

La nuit, il était tout entier la proie d'Irène. Il la revoyait quitter le laboratoire, les yeux calmes, la paix sur le visage. Il se retournait sur son lit, mordait son oreiller, le frappait à coups de poing, insultait la science, M. Gé, les hommes, la femme.

Il se leva, s'enveloppa de la vieille robe de chambre effilochée, luisante, qu'il n'avait pas remplacée depuis vingt ans, sortit, enfila des couloirs, ouvrit une porte...

Il n'osait plus avancer. Il était là, tremblant, à quelques pas de la fusée. Dans la longue salle en pente régnait la très faible lumière qui était celle de l'Arche pendant les heures de nuit. Le long et mince projectile était à peine visible dans ce gris presque noir. Le silence était si profond qu'il donnait une impression d'épaisseur. Le bruit de la respiration d'Hono se diffusa dans la salle et l'emplit de vie. Les bras tendus devant lui, il avança vers la fusée. Ses mains touchèrent le métal froid. Elle était là, derrière ce blindage, dans ce cercueil d'or dont il avait dessiné lui-même les plans, qu'il avait fait construire, elle était là, immobile, sans souffle, sans pensée, elle resterait ainsi pendant dix ans, conservée dans sa jeunesse et l'abondance de sa beauté.

Il posa ses deux paumes à plat sur le flanc de l'engin et le caressa en gémissant. Irène, Irène, fille, femme, chair, douceur de tes yeux calmes, tendresse de tes bras en berceau, Irène ronde, rose, douce tiède. Il l'appela, criant : « Irène ! » puis

298

posa son front sur la paroi de métal, entre ses deux mains, et pleura. Il pensa tout à coup à l'homme qui était couché à côté d'elle, à cet époux immobile qui venait de commencer avec elle son immobile nuit de noces, et il connut le fer rouge qui fouille la poitrine des jaloux. Elle allait passer dix ans à côté de cette belle brute imbécile, dix ans d'intimité intacte avec cet époux couché, tourbillonnant avec lui dans le grand silence des chemins d'étoiles, et quand ces dix ans seraient terminés, ce serait le premier jour qui commencerait, et cet homme se coucherait non plus à côté d'elle mais sur elle et lui ferait mille enfants qui seraient mille morceaux d'elle et de lui et qui continueraient à coucher ensemble pendant l'éternité !

Il se mit à hurler et à frapper la paroi de ses deux poings, puis il se calma tout à coup, il retrouva tout son sang-froid, il savait bien, trop bien, que cela ne se passerait pas ainsi, que lorsque les dix ans seraient passés et que la fusée se poserait quelque part dans la campagne blanche, et que ses portes s'ouvriraient, ce ne serait pas la vie qui en sortirait, mais la mort qui y entrerait, et qu'il y aurait seulement deux cadavres de plus sur le grand cimetière rond de la Terre...

Alors pourquoi la laisser partir ? Pourquoi ne pas ouvrir la fusée, arracher la fille qu'il aimait à ce prélude de mort où elle était plongée et profiter avec elle, jusqu'au délire, du petit morceau de vraie vie dont ils disposaient encore ? Ils avaient peut-être encore une semaine devant eux, peut être un jour. Un jour ! C'est incroyablement long, un jour, quand on le déguste bien seconde à seconde, savourant chacune après chacune. Un jour entier, c'était l'éternité !

Il se mordit les mains. Non, il ne pouvait pas, il s'était peut-être trompé, elle avait peut-être une chance contre dix millions d'être sauvée, de survivre. Et même sans cette chance, ses dix ans de sommeil, c'était encore dix ans de presque vie. La faire sortir de la fusée, c'était la tuer sûrement, et tout de suite...

Et, d'ailleurs, lui l'aimait, mais elle ? Que dirait-elle s'il la réveillait ? Elle rirait sans doute dès qu'il lui dirait le premier de ces mots imbéciles, galvaudés, traînés partout, par lesquels on est obligé de passer pour dire qu'on aime, ces mots souillés, aplatis, vidés, ces mots de collégiens et de bonniches... Elle rirait et se tournerait vers l'homme qui se serait éveillé en même temps qu'elle, vers cet homme beau qui n'aurait qu'à tendre les bras.

Hono passa sa main sur ses joues dont il sentit la peau semblable à un vieux maroquin mal tanné. Il tourna le dos à la fusée et s'en fut vers le laboratoire.

Il alluma les plafonniers, se pencha sur les appareils enregistreurs. Rien de nouveau. La présence de ses instruments de travail, qui avaient été jusque-là les seuls objets de ses soucis, lui rendit le calme. Il dit : « Imbécile ! » et se mit au travail. Quelques heures plus tard, la voix de M. Gé l'appela :

— Vous êtes là, Hono ? Venez donc me retrouver dans mon bureau. Je crois que ça ne va plus tarder, maintenant...

— Je viens, dit Hono.

Les deux hommes s'assirent devant le grand écran de télévision.

LII

L'aube se levait sur l'Europe. Dans son laboratoire, le professeur Emboulestein avait travaillé
toute la nuit. Il ne savait plus très bien, d'ailleurs,
ce qui était le jour et la nuit. Il vivait depuis des
semaines sous la lumière des tubes, dans cet antre
au cœur de la montagne, séparé de la lumière et de
l'ombre par des millions de tonnes de rochers. Il
travaillait, recevait des instructions par téléphone,
en donnait, se reposait quelques heures, et recommençait à travailler. Ainsi passaient ce qui devait
être des jours et des nuits.

Cette aube-là fut une aube comme les autres,
une aube ignorée. Le professeur Emboulestein
était seul depuis quelques heures. Ses aides étaient
allés se coucher. C'était un homme très grand et
très maigre, avec des cheveux crépus d'un blanc
sale qui lui faisaient autour du visage comme une
auréole de poussière. Ses paupières fatiguées et fri-
pées cachaient à moitié ses yeux qui s'abaissaient
d'un air triste vers les tempes. Debout devant une
table d'architecte, sa blouse blanche tendue sur

son dos voûté, il écrivait. Il tenait son journal depuis le début de la G. M. 4. Il était à peu près certain que personne ne serait jamais en mesure de le lire. Il n'en estimait pas moins qu'il devait l'écrire, comme le compte rendu objectif d'une expérience.

Tout à coup la plume de son stylo s'écrasa sur le papier, la table lui sauta au visage, les murs ondulèrent autour de lui, les placards s'ouvrirent et se vidèrent de leur contenu dans un bruit de verre brisé. Puis tout redevint immobile, mais la montagne grondait comme un bouledogue.

Emboulestein sut que le moment était venu. Les Chinois commençaient à faire sauter les Alpes. Il fallait capituler ou mourir. Pour sa part, il n'y avait pas de choix possible. Sa décision était prise depuis longtemps. Il avait fait part de sa décision au Conseil Fédéral, qui avait tenté en vain de le convaincre qu'il valait peut-être mieux un esclavage momentané qu'une mort définitive. Mais c'était lui, finalement, qui les avait convaincus. Il ne s'en était pas moins, depuis, tenu sur ses gardes, de peur de quelque agression.

La terre trembla de nouveau. Emboulestein se dirigea vers la porte du laboratoire, ferma les verrous électriques, et, pour plus de précaution, donna un simple tour de clef. Il fit quelques pas vers la droite et, d'un geste, commanda l'ouverture de la dernière porte. Elle était épaisse de trois mètres et composée de sept métaux lourds séparés par des cloisons de verre aux sels de plomb. Il la referma derrière lui et se trouva seul dans une pièce circulaire aux murs de verre couleur d'eau. Au centre de la pièce, portée par une colonne de verre glauque, s'élevait une sorte de cuvette d'argent, pareille à un grand miroir concave. Au centre même de la cuvette en était creusée une autre, pas plus grande que la moitié d'un petit pois. Vers ce trou minuscule étaient braqués les axes de vingt et un tubes d'or disposés sur le pourtour de la cuvette. Au-dessus du tout, une manche à air venue du plafond se terminait par un ventilateur. C'était le bas d'une conduite dont l'extrémité supérieure s'ouvrait très haut, dans les solitudes perdues de la montagne.

Emboulestein regarda son appareil et sourit. Ainsi, l'esprit aurait le dernier mot ! Il était temps d'agir. Il ouvrit dans le mur un placard. Un tableau de commande apparut. Il posa la main sur une poignée et la tourna. D'un des tubes, un rayon violet jaillit et vint frapper le trou central de la cuvette. Sept tubes s'allumèrent ainsi, des sept couleurs pures de l'arc-en-ciel. Les autres restèrent obscurs. Les rayons qu'ils émettaient étaient en deçà et au-delà des facultés de vision de l'œil humain. La coupelle centrale brillait comme une étincelle de soleil.

Emboulestein s'aperçut alors qu'il avait oublié l'essentiel. Dans un tel moment ! Il retourna dans le laboratoire, se hâta vers un robinet, recueillit dans une éprouvette un peu d'eau claire. On frappait et on appelait à la porte du laboratoire. Les trois téléphones sonnaient. Le savant retourna dans la salle ronde et referma entre elle et le bruit la porte des sept métaux.

Il trempa une tige de verre dans l'éprouvette et laissa tomber, dans la prunelle de la cuvette, au centre de feu des vingt et un rayons, une goutte d'eau.

C'était fini. Maintenant il ne pouvait plus rien arrêter. La goutte d'eau venait de fleurir en un flocon de neige. Une brume emplissait la salle ronde. Emboulestein toussa, mit en marche le ventilateur qui aspira le flocon au milieu de la cuvette et le jeta vers le ciel. Emboulestein tira de sa poche un énorme revolver à barillet qui devait dater de la guerre de 70, le tourna vers lui, mit le pouce sur la gâchette, le canon dans sa bouche, et appuya.

La brume se déposait en neige fine sur le sol, sur l'argent de la cuvette, sur l'or des tubes, sur la tête du savant ouverte comme un melon jeté contre un mur...

Au millième de seconde où la première aiguille de la première branche de cristal du flocon avait commencé de durcir au sein de la goutte d'eau, la folie de la peur s'était abattue sur toutes les bêtes de la Terre, sur tous les animaux qui avaient survécu aux G. M. 3 et 4. Les hérissons se fermèrent hermétiquement en boule et ne s'ouvrirent plus, les chevaux ruèrent, les ânes mordirent, les chattes mangèrent leurs petits, les porcs s'éventrèrent, les fourmis se mirent à creuser, creuser, à enfoncer plus profond leurs fourmilières, avec une hâte minuscule, les éléphants en troupeaux aplatirent les villages, les moutons, enragés, égorgèrent les chiens, les poissons essayaient de fuir hors de l'eau, sautaient en l'air, perçaient de milliards de jets la surface océane, des monstres surgis des profondeurs insoupçonnées venaient mourir en surface, éclatés, aveuglés : des tortues noires grandes comme la Concorde, des serpents feuillus d'algues, longs comme des égouts; les oiseaux s'assemblaient à grandes peuplades tournoyantes, tous les corbeaux de Paris s'étaient agglomérés en un noir nuage qui tournait au-dessus de la ville comme une roue d'angoisse mille et mille fois grinçante, qui forma tout à coup une pointe et fonça vers le sud.

Dans l'Arche même, la basse-cour criait, s'agitait comme en plein incendie. M. Gé et Hono, qui avaient vu sur l'écran sauter les premiers massifs des montagnes suisses, sentirent tout à coup une angoisse glacée leur vernir le cœur. M. Gé se leva, un peu suffocant. Il dit :

— Ça y est...

Hono resta assis. Il se sentait, avec étonnement, en proie à une émotion de collégien qui monte pour la première fois sur l'estrade recevoir un prix d'excellence. La peur et la satisfaction mêlées, une sorte de trac et le soulagement de l'attente enfin terminée lui faisaient trembler les genoux. Il lui semblait que tout ce qui allait maintenant se passer ne concernait que lui, qu'il était à la fois l'organisateur, l'acteur et l'unique spectateur de la pièce sur laquelle le rideau se levait. Il dut faire un effort et avaler sa salive pour pouvoir répondre à M. Gé qui venait de lui dire :

— Je crois qu'il faudrait *les* prévenir, maintenant. Qu'en pensez-vous ?

Il pensait, lui aussi, qu'il fallait, maintenant, dire aux habitants de l'Arche que l'aventure allait se terminer.

Le soleil se levait au-dessus de Paris, et les murs intérieurs de l'Arche s'éclairaient doucement. M. Gé s'assit devant son bureau, tourna le bouton du micro, toussa, dit : « Je m'excuse de devoir vous éveiller... »

Il parlait doucement. Il avait tourné à fond le bouton d'amplification, et sa voix grondait dans les chambres, dans les couloirs, dans les pièces vides, dans la basse-cour. Les poules se blottissaient autour du coq qui dressait la tête vers le plafond comme vers un vol de rapaces. Les vaches meuglaient comme si on venait d'égorger devant elles leurs veaux. Les chèvres, tête basse, se lançaient contre les murs. M. Collignot avait bondi à bas de son lit. Il avait deviné. Il enfila son pantalon en appelant Aline qui dormait dans la chambre à côté.

À l'est du lac de Genève, au nord de la ville de Sion (canton du Valais), très exactement au-dessus du pic des Diablerets (3 252 mètres), dans le bleu clair du ciel de l'aube, un petit nuage s'était formé. Un petit nimbus blanc et rose, qui se mit à grossir à une vitesse inhabituelle. En quelques secondes, il devint un gros cumulus gris, couvrit toutes les Alpes bernoises, absorba les fumées des explosions qui venaient de raser le Simplon, et six minutes après que le flocon de neige se fut formé sous les yeux du professeur Emboulestein, atteignit le Jura et le Piémont. Les soldats chinois regardaient, étonnés, ce ciel épais, d'où commençait à tomber en plein mois d'août une neige fine. Dans les ruines de Berne, un thermomètre intact, accroché à un pan de mur, marquait une température de dix-huit degrés au-dessus de zéro. Mais la neige, en atteignant le sol, ne fondait pas.

Mme Collignot, assise dans son lit, appuyée à trois oreillers, écoutait sans comprendre. Elle respirait difficilement, à petits coups, essayait d'aider son cœur en appuyant ses deux mains sur sa molle poitrine, et gémissait. M. Collignot, debout dans la chambre d'Aline, serrait sa fille contre lui. Elle portait un pyjama en coton blanc à fleurettes, un pyjama d'enfant. Cheveux noirs ébouriffés, grands yeux pleins de sommeil et d'étonnement, joue marquée d'une raie rose par un pli de l'oreiller. Sans savoir encore pourquoi elle tremblait.

— Hum, dit M. Gé. Il est de mon devoir de vous informer que le projet que j'avais fait de vous soustraire aux coups de la guerre s'avère irréalisable par suite de la mise en œuvre d'une arme nouvelle contre laquelle les moyens de défense de l'Arche seront malheureusement impuissants. Il faut donc que vous sachiez qu'à moins d'un miracle, vous n'avez plus que...

— NOUS! cria Hono.

— Hum, dit M. Gé. Et il reprit : « À moins d'un miracle, *nous* n'avons plus que quelques jours, peut-être quelques heures à vivre... »

La porte de la chambre d'Aline s'ouvrit brusquement, et Paul entra, avec un visage de fou Il crie :

— Aline !

Aline s'arracha aux bras de son père et se jeta contre Paul, et Paul referma ses bras autour d'elle, courba ses épaules, pencha sa tête, essaya de l'envelopper, de l'abriter, de construire autour d'elle, avec sa chair et ses os, une arche plus efficace que les murs de béton et d'acier.

— Il faut que je vous dise, reprit la voix de M. Gé, en quoi consiste cette arme, dont les effets se feront sentir jusqu'ici...

M. Collignot, stupéfait, regardait les deux adolescents, qui semblaient l'avoir oublié, regardait Paul baiser les cheveux d'Aline, et Aline sangloter de bonheur et de peur contre la poitrine de Paul.

— Les savants suisses ont mis au point, il y a quelques mois, en modifiant les propriétés du noyau de l'hydrogène, une formule d'eau nouvelle qu'ils ont nommée l'eau drue.

— Ma chérie, ma chérie, ma chérie, disait Paul, sans arrêt.

M. Collignot passa sa main sur son front et s'assit, accablé, au bord du lit. Mme Privas ne cherchait pas à comprendre. Elle regardait son mari et le voyait calme. Et elle se disait que s'il était calme, elle n'avait pas de raison de s'affoler. Marie-Fructueuse pleurnichait dans son lit et appelait tout bas César. Auguste se trouvait dans la basse-cour au moment où l'affolement s'était emparé des bêtes Il essayait de calmer l'étalon qui risquait de se briser une jambe en ruant contre les murs. Le cheval le mordit à l'épaule. Auguste recula, la main sur sa blessure. Une volée de sabots lui défonça la poitrine.

— La principale propriété de l'eau drue, disait M. Gé, est son point de congélation, beaucoup plus élevé que celui de l'eau ordinaire. Ce point de congélation, qui se situe aux alentours de vingt degrés lorsque l'eau drue est en vase clos ou sous gaz neutre, s'élève rapidement jusqu'à un point d'équilibre situé entre quarante-deux et quarante-trois degrés, dès lors que l'eau drue se trouve en contact avec l'oxygène, que celui-ci soit libre, en mélange, ou en combinaison.

Aline tourna enfin la tête vers son père, mais celui-ci eut l'impression qu'elle le regardait comme elle l'eût fait d'un animal familier, d'un meuble ou d'un mur de la pièce. Hono se leva et quitta le bureau de M. Gé. Celui-ci poursuivait :

— Ce qui fait le danger de l'eau drue, c'est que, dès qu'un cristal de neige ou un fragment de glace qui en provient entre en contact avec de l'eau ordinaire, celle-ci se transforme immédiatement en eau drue et se congèle à son tour. Tout se passe comme si l'eau qui est à la base de toute la vie végétale, animale, et on peut ajouter minérale de la Terre, se trouvait en état de surfusion et retrouvait brusquement son équilibre au contact de l'eau drue.

Hono se dirigeait vers la chambre d'Irène. Il ne savait pas exactement ce qu'il allait y faire, ce qu'il espérait y retrouver, un fantôme, un parfum, simplement un coin pour crever un peu moins nu, un peu moins froid.

— Il est bien certain, dit M. Gé, que la vie telle que nous la connaissons ne peut pas exister dans un Univers où l'eau gèle à plus de quarante degrés. C'est pourquoi les savants suisses, connaissant le secret de fabrication de l'eau drue et ayant déterminé ses propriétés par leurs calculs, s'étaient bien gardés, jusqu'ici, d'en créer. Car, à partir du moment où une trace d'une telle eau existe dans notre Univers, toute l'eau ordinaire va automatiquement se cristalliser autour d'elle. Rien, absolument rien, ne peut empêcher ce phénomène, aucun corps ne peut faire obstacle à sa propagation. Or, ce matin, le professeur Emboulestein, poussé par le désespoir, a fabriqué un cristal d'eau drue. Il a ainsi condamné à mort tout ce qui vit encore sur la Terre, et au-dessus d'elle et dans elle. Le corps de l'homme contient plus de soixante pour cent d'eau Il n'est pas un être vivant, animal ou végétal, qui n'en contienne à peu près autant. Eh bien, toute cette eau va geler... Je dois vous informer que le nuage de cristallisation, formé par la transformation en eau drue de la vapeur d'eau atmosphérique, est déjà à mi-chemin de Paris...

Sur la Suisse, sur une partie de l'Allemagne, de l'Autriche, de l'Italie, de la France, il neigeait. Au premier flocon reçu, le lac de Genève était devenu un bloc de glace. Une truite géante, surprise en plein saut, restait plantée par le bout de sa queue dans l'eau figée. Raide comme un bronze de cheminée. Les cours d'eau étaient devenus les prolongements immobiles des glaciers. Le sol était dur comme fer.

La neige tiède tombait à gros flocons, et l'espace entre les flocons semblait n'être qu'une poussière blanche. La vue ne portait pas à deux mètres. Cette poussière entrait dans les narines et les mordait, entrait dans les poumons et les emplissait de plomb. La neige s'accrochait à la peau, s'y collait et semblait entrer en elle. Et la peau, les oreilles, le nez, les mains, les pieds, les genoux subissaient une torture comme aucun bourreau chinois n'eût été capable d'en inventer.

Les guerriers jaunes s'étaient mis dans des caves, sous des tentes, sous des arbres raides, à l'abri de la neige incroyable, qui ne fondait pas plus dans la main que de la farine. Mais la brume les poursuivait et leur perçait les poumons de mille aiguilles. L'horreur, c'était, dans cette neige, d'avoir si chaud. L'air pesait sur leur peau, l'étouffait, refusait sa sueur. Leur peau devenait raide, vernie, et à l'intérieur de leur peau ils brûlaient. Ils ne sentaient plus leurs doigts, leurs pieds gelaient. Leur souffle, qui brûlait leurs bronches, fleurissait devant eux en poussière blanche et tiède.

Hono entra dans la chambre d'Irène. Combien d'heures à vivre encore ? Il ne savait pas. Le temps que le nuage atteigne Paris, et que le point de congélation de l'eau dépasse trente-sept degrés... Il ouvrit l'armoire. Là étaient pendus les vêtements de la jeune fille, ses longues jupes, ses blouses claires, sa robe à fleurs de printemps, son manteau de renards blonds. Il prit les vêtements a pleins bras et y enfouit son visage.

— La mort qui nous attend, disait dans la pièce, derrière le dos du savant, la voix de M. Gé, risque d'être très pénible. Aussi ai-je décidé de mettre à la disposition de ceux qui n'auraient pas le courage de supporter sa venue trop lente un moyen d'en finir plus vite. Vous trouverez dans le garde-manger numéro 63, qui jusqu'à présent était fermé, tout un assortiment de poisons rapides. Je vous conseille de prendre les pilules contenues dans le grand flacon bleu. Trois pour chacun seront largement suffisantes. C'est un soporifique rapide. Il vous endormira à mort C'est la meilleure façon d'en finir. Du moins je le crois. Personne ne peut évidemment en être sûr.

Au moment où le cristal d'eau drue avait pris forme sous la machine du professeur Emboulestein, les petits chevaux africains de l'armée arabe, devenus subitement fous, avaient désarçonné leurs cavaliers et s'étaient enfuis vers le sud au galop, droit devant eux. Les placides chameaux eux-mêmes s'étaient battus comme des vieilles filles contre les hommes qui les montaient. Quand le nuage arriva, les grands guerriers, instinctivement, s'enveloppèrent dans leurs burnous pour se préserver de la neige. Les moteurs des tanks et des camions calèrent. L'invasion ne se poursuivit pas plus loin. Elle venait d'atteindre Poitiers.

Les paysans ne comprenaient rien à ce temps. Mais ils eurent encore le réflexe de penser qu'il

etait heureux que les blés et les foins fussent ren
trés.

— Ma petite Aline !... dit M. Collignou

Elle essuya ses larmes, et, sans quitter Paul, tendit une main vers son père. Il s'approcha et les
embrassa tous les deux.

Le nuage énorme bouillonnait et bourgeonnait
sur ses bords et s'étendait à une vitesse prodigieuse. M. Gé, après avoir révélé à tous l'existence
de la fusée et de ses occupants, et les derniers
espoirs qu'il avait mis en cette tentative, s'était tu.
Il tourna un bouton de l'appareil de télévision. Sur
un mur de chaque pièce s'inscrivit l'image du ciel
de Paris.

Hono s'était laissé tomber dans un fauteuil Il
regardait le mur peint de ciel bleu dans lequel ne
tournait plus un seul corbeau. Il vit, en même
temps que tous les autres occupants de l'Arche,
une frange blanche mordre le ciel au sud-ouest. Ce
fut bientôt un amoncellement de coton blanc posé
sur des abîmes de bleu ardoise et de gris de
cendres. Le soleil illuminait ses joues supérieures
d'un éclat de paradis.

Un soldat chinois accroupi sous un pont porta sa
main à son oreille et se mit à hurler parce qu'elle
venait de se casser entre ses doigts. Le Conseil
Fédéral Suisse lança par radio dans les cavernes
l'ordre général de suicide.

Hono regarda une dernière fois la chambre où
avait vécu celle qu'il aimait. Sur la table de chevet,
à la tête du lit défait, il vit un livre, un paquet de

cigarettes, et le sac à main d'Irène, un gros sac bien simple, en cuir fauve patiné.

Il se leva, prit le sac et l'ouvrit. La première chose qu'il vit à l'intérieur, ce furent les lunettes «Elle a oublié ses lunettes! pensa-t-il. Qu'est-ce qu'elle va devenir?» Puis un mouchoir très parfumé, froissé, les habituelles bricoles de rouge et de poudre, et un médaillon ancien, en or orné de petites perles, en forme de cœur. Il eut de la peine à ouvrir le médaillon, car il se tenait les ongles très courts. Quand il l'eut ouvert, il se laissa tomber sur le bord du lit. Son cœur sautait. Dans le médaillon, il venait de voir sa propre photographie! Une vieille photo d'identité qu'elle avait dû arracher à un de ses passeports périmés. Elle portait encore les traces violettes du cachet, et, juste au-dessus des cheveux, le trou de l'attache. Elle portait aussi l'empreinte du rouge à lèvres d'un baiser.

Hono releva brusquement les regards vers le mur. Le nuage avait envahi la moitié du ciel de Paris. Il se leva, serrant le médaillon dans sa main droite, décida de passer par les appartements, pour gagner quelques secondes, traversa la pièce en courant, et ouvrit la porte qui donnait dans la chambre d'Aline.

Toute l'armée arabe, agenouillée dans la neige chaude, se prosternait vers l'orient en prononçant le nom du Prophète.

M. Gé s'étendit sur son lit. Les trois pilules, d'un bleu tendre, étaient posées sur sa table de chevet, à portée de sa main, près du téléphone. Il se dit qu'il était peut-être temps de penser à toute sa vie passée et de se demander s'il avait fait le bien ou le mal. Mais il s'aperçut au bout de quelques minutes que cela ne l'intéressait pas assez pour qu'il y pût porter une attention suffisante.

— Mes petits dit M. Collignot, je suis heureux de voir que vous vous aimez, mais vous êtes si jeunes, vous auriez pu attendre un peu...

Il comprit aussitôt l'énormité de ce qu'il venait de dire.

Hono entra en trombe dans la pièce, jeta un regard sur le groupe qui s'y trouvait, courut vers la porte d'en face.

— Où allez-vous? lui cria-t-on.

— Je vais chercher Irène, cria Hono.

— Vous savez bien qu'elle est dans la fusée!

— Je sais bien, dit Hono, c'est là que je vais la chercher...

M. Collignot se précipita derrière lui

— Vous êtes fou! Il faut la laisser...

Hono avait déjà traversé la troisième chambre. Mme Collignot le regarda passer, puis derrière lui son mari, et derrière Aline puis Paul. Elle ne reconnut ni les uns ni les autres. Elle voyait en face d'elle un ciel d'orage et elle disait: «Il faut rentrer le tapis qui est sur le balcon, il faut rentrer le tapis, Il va pleuvoir...» Péniblement, elle se leva.

Hono courait dans le couloir. Il criait:

— Elle m'aime, vous comprenez? elle m'aime! Vous vous imaginez que je vais laisser partir dans les nuages la femme qui m'aime, alors que j'ai peut-être encore une heure à vivre?

Les feuilles des arbres, raides et transparentes,

se brisaient une à une, comme du verre, sous le poids de la neige. Les serpents et les lézards n'étaient plus que des frissons figés, les grenouilles, des grimaces de bois peint. Les escargots éclataient, les mouches tombaient, petits flocons noirs parmi les flocons blancs.

Hono, arrivé le premier dans la salle de la fusée, referma la porte derrière lui, et fit fonctionner les verrous. M. Collignot frappa la porte de ses poings et cria. Hono n'entendait plus.

— Il faut prévenir M. Gé, dit M. Collignot.

Mais personne dans l'Arche ne savait où trouver l'appartement de M. Gé.

— Vite ! Venez ! cria Paul, tout à coup. Il était content. Ni lui, ni Aline, ni M. Collignot ne pensaient plus à la mort imminente. Ils ne pensaient qu'à sauver Irène. C'était un but immédiat, un devoir à accomplir sans perdre une seconde, et cela permettait de ne penser à rien d'autre.

Paul savait où se trouvait, au laboratoire, le téléphone qui permettait à Hono d'appeler M. Gé quand il désirait communiquer avec lui.

Ils y coururent. M. Collignot décrocha l'appareil et attendit. Il entendait la sonnerie bourdonner à l'autre bout... Enfin, on décrocha.

— Allô ! Monsieur Gé ?

— Oui, dit une voix

— Ici M. Collignot. M. Hono est en train de sortir ma fille de la fusée ! Que faut-il faire ?

Les trois pilules n'étaient plus auprès du téléphone. Le récepteur glissa de la main de M. Gé et tomba sur le tapis. M. Collignot entendit le choc, secoua son appareil, cria.

M. Gé murmura, pour lui, et pour le reste de l'Univers :

— J'avais fait... de mon mieux...

Il s'endormit, un bras hors du lit.

La porte du laboratoire s'ouvrit. Hono entra, rouge, suant, traînant derrière lui une bâche dans laquelle il avait enveloppé Irène encore inanimée. De l'autre bout de la pièce, Paul courut vers lui. Hono saisit un scalpel sur une table de verre, se pencha vers Irène :

— Si vous faites quoi que ce soit pour me l'enlever, je la saigne ! dit-il.

Paul s'arrêta, les poings crispés.

— Laisse-le, dit la voix lasse de M. Collignot. Viens, venez avec moi, mes petits, venez, tout n'est peut-être pas encore perdu...

La vitesse d'expansion du nuage augmentait selon une progression géométrique. Il avait déjà recouvert l'Angleterre et l'Espagne, atteint l'Afrique du Nord et l'Europe centrale. Au-dessous de lui, l'air était gris et la terre blanche. Le gel tiède enfonçait lentement ses racines dans la terre, figeait les rivières souterraines, écartait doucement les montagnes. La Méditerranée jetait contre la Côte d'Azur des assauts modérés de blocs de glace qui, peu à peu, se soudaient entre eux. Il pleuvait sur le Sahara-jardin, il neigeait sur l'Atlas. Puis il neigea aussi sur le Sahara et il se mit à pleuvoir sur l'Équateur une grosse pluie tranquille, sans orage, sans vent, sans tornade. Les peuples de singes, affolés, criaient comme des jardins d'enfants et tombaient des branches qui se recouvraient d'une couche de verglas. Les grands serpents se raidissaient en nœuds autour des lianes. Les Noirs se réfugiaient dans la fumée de leurs cases et fermaient leurs bras sur leurs poitrines nues. Et la forêt se mit à gronder de coups de canon : les arbres géants éclataient sous le gel.

Mme Collignot est tombée sur le tapis, au pied de son lit, le visage enfoncé dans la laine. Elle essaye de se relever, mais n'y parvient pas. Elle est toute molle comme un poireau cuit. Elle a le nez dans la laine et elle étouffe, et les poils de laine lui chatouillent les narines, et l'odeur de la poussière et des désinfectants antimites lui pique les muqueuses. Elle parvient à tourner sa tête un peu de côté et à respirer avec un coin de sa bouche. Et de l'autre coin elle bave un peu. Elle voudrait pouvoir aider sa poitrine à respirer, mais elle ne peut pas, et elle sent que tout cela va s'arrêter, qu'elle va mourir. Et aussitôt elle éprouve une grande consolation, car Irène a bien dormi et Aline sait enfin tricoter la maille à l'envers. Vraiment, elles n'ont plus besoin d'elle, c'est très bien, c'est exactement ce moment-là qu'il faut choisir, où elles n'ont plus besoin d'elle, pour mourir. Vraiment, depuis que la première était née, elle n'avait jamais eu une seconde de telle tranquillité. Il faut en profiter. C'est facile, il suffit de ne plus faire effort...

Paris est blanc. Les sept portes de l'Arche sont closes. Ses murs ont de quinze à trente mètres d'épaisseur. Mais nulle épaisseur de mur ne peut rien contre les modifications d'une loi naturelle...

Hono a fermé les portes du laboratoire, mis les verrous partout. Il revient vers Irène, soulève sa paupière. L'œil est clair, immobile. La peau est fraîche, la respiration nulle, le cœur arrêté...

Il n'est pas inquiet. Il sait que la vie reprendra, presque tout d'un coup, dans une demi-heure ou trois quarts d'heure. Mais trois quarts d'heure, ce sont les trois quarts de son éternité. Il s'attelle de nouveau à un coin de la bâche dans laquelle Irène est enveloppée comme une chrysalide, il la traîne vers la forge. Là, couchées contre le mur, sont les deux bouteilles d'un chalumeau oxy-acétylénique. C'est un vieux système, mais Hono en a l'habitude depuis vingt ans et continue à l'employer. Il ouvre la bouche d'Irène, sa langue est froide, son palais sec, il lui enfonce dans la gorge le bec du chalumeau, ouvre le robinet d'oxygène.

— Déshabillez-vous ! vite ! vite ! dit M. Collignot.

Devant lui, le flanc de la fusée est ouvert, les couvercles des logements soulevés. De celui d'Irène, vide, une traînée de poussière grise descend le long de la paroi dorée, se dirige vers la porte. Dans l'autre, à quelques centimètres, apparaissent les cheveux de César, recouverts de poussière comme ceux d'une momie de Pompéi.

En un tournemain, Paul a arraché ses quelques vêtements. Il est beau. Il a le ventre creux, pas de hanches, tous les muscles à peine ébauchés sous la peau. Il cache son sexe dans ses mains. Aline d'ailleurs n'ose pas le regarder. Sa jupe est tombée à ses pieds, elle enlève par-dessus sa tête sa blouse blanche. Elle hésite, regarde Paul, puis son père.

— Dépêche-toi, dit son père.

— Tournez-vous, demande Aline.

— Non ! dit Paul.

Le père Privas a distribué les pilules à sa femme et à la servante. Puis, brusquement, lui est remontée à la gorge toute sa vieille foi protestante. Il s'est rappelé que le suicide est le plus impardonnable des péchés. Se suicider, c'est non seulement refuser la souffrance que propose Dieu, c'est aussi proclamer à la face de celui-ci qu'on n'a plus confiance en lui, qu'on l'estime incapable d'intervenir pour changer le cours des événements. Il y a quarante ans que Privas ne s'est plus demandé s'il croit ou non en Dieu. Aujourd'hui, la question n'est plus là. Si ses ancêtres se sont laissé pendre, égorger, écarteler, pour pouvoir croire en Dieu de la façon qui leur plaisait, ce n'est pas à lui, dernier chef de la famille, de se poser des questions et de faiblir. Il faut, comme toujours, rester droit, donner l'exemple. Même alors qu'il n'y aura personne pour se souvenir de l'exemple et le suivre. Il comprend dans une soudaine lumière qu'en ne faiblissant pas devant la mort, il ne faiblira peut-être pas non plus *dans* elle. La vie éternelle, c'est peut-être ce court instant de conscience où l'on *sait* enfin qu'on vit, et qu'on n'a jamais commencé et qu'on ne cessera point de vivre parce qu'il n'y a ni commencement ni fin à Dieu qui est en nous.

Privas, homme simple, serait incapable de dire

cela avec des mots, mais il l'a compris avec ses os durs et sa chair et son esprit habitué à envisager simplement les travaux simples. Il tend la main, reprend les pilules, les met dans sa poche. Il dit aux femmes : «Faites ce que vous avez à faire, comme d'habitude.» Il sait qu'Auguste est mort. Il a trouvé son corps près du cheval tremblant. Il a dit à la mère que M. Gé l'avait appelé au dernier moment pour le faire entrer aussi dans la fusée.

Irène secoue la tête, crache du sang, suffoque, vomit. Hono lui tend un verre d'eau.

— Bois !...

Il a dénoué et étendu la bâche et posé sur Irène la blouse blanche qu'elle revêtait pour travailler au laboratoire.

Irène regarde le verre, puis la main qui le tend, puis le bras, puis le visage. La main est nette, le bras s'estompe, et le visage est en plein brouillard de sa myopie. Mais elle le voit bien, elle le verrait même dans la nuit totale. Elle vient de s'éveiller, avec, dans son cerveau, les instructions qui y ont été gravées par M. Gé. Et ce n'est pas *ce* visage qu'elle aurait dû trouver devant elle en s'éveillant. Mais c'est le visage qu'elle aime. Elle ne s'étonne pas. Quelque chose de très simple a dû se produire, un miracle. Elle sourit, elle dit : «Lucien !...»

— Bois, dit Hono.

— Ne fais pas l'enfant ! dépêche-toi ! dit M. Collignot.

Alors Aline arrache sa combinaison et sa petite culotte de coton blanc. Les yeux de Paul sont grands comme des soucoupes.

— Comme tu seras belle ! dit M. Collignot.

— Comme tu es belle ! crie Paul.

Aline est confuse et satisfaite. Elle aurait voulu cacher à la fois ses seins et ce tendre bouquet auquel elle n'est pas encore habituée, mais elle n'a que deux mains, et ses mains sont petites. Alors elle laisse pendre ses bras le long d'elle. Le plus simple est d'être simplement nue.

M. Collignot pose une main tremblante sur son épaule, la laisse glisser le long d'un petit sein pointu, sur le bas de la poitrine dont il sent les os, sur la peau douce, douce et chaude au-dessous des côtes. Il s'arrête. Sous sa paume, de l'autre côté de ce satin, deux petites glandes de rien du tout renferment l'avenir du monde.

— Que Dieu bénisse ton ventre, dit-il. Allez, entre là-dedans...

— Paul ! crie Aline.

Elle tend les bras vers lui. Il s'y jette. Ils sentent pour la première fois l'une contre l'autre leurs chaleurs nues et dures et souples. Les ongles d'Aline s'enfoncent dans les épaules du garçon.

— Vite ! vite ! crie M. Collignot. Ce n'est pas le moment.

Paul repousse à bout de bras Aline qui halète. Elle embrasse son père, embrasse Paul de nouveau, puis de nouveau son père, lève un pied vers l'ouverture de la fusée.

— Tes chaussures ! hurle M. Collignot.

– Alors, dit Irène, il n'y a personne dans la fusée ?

Elle a enfilé et boutonné sa blouse. Elle est

assise par terre, sur la bâche, en tailleur. Hono est assis devant elle et la regarde avec des yeux de charbon ardent.

— Tu m'aimes, dit Hono.

Il ne le demande pas, il le dit, il le sait.

— Oui, dit Irène.

— C'est ta sœur et le petit Paul qui vont partir dans la fusée, dit Hono. Ton père s'en occupe.

— Dieu soit loué ! dit Irène.

— Oui, Dieu soit loué ! dit Hono, Dieu soit loué qui met fin à cette mascarade. La fusée ne servira à rien. Même si elle tournait cent ans autour de la Terre, quand elle s'y poserait, elle n'y retrouverait que la mort. L'eau restera gelée à quarante-deux degrés. Aucun phénomène naturel ne peut la faire revenir à son ancien équilibre. Dans quelques quarts d'heure, le nuage de condensation couvrira toute la Terre. Dans quelques jours, toute l'humidité de l'atmosphère se sera déposée sur le sol, le ciel sera d'un bleu comme jamais œil d'homme ne l'aura vu, et le globe terrestre, enfin apaisé, sera une boule blanche, glacée, pure comme la conscience de Dieu, flocon d'innocence retrouvée tournoyant dans l'éther. Jamais plus l'homme ne pourra le souiller de son péché.

— Ils s'aiment, dit Irène.

Aline s'endort. Son souffle devient court, léger, imperceptible. Paul, penché vers elle, angoissé, écoute s'éteindre sa vie.

— Aide-moi ! dit M. Collignot, haletant. Je n'arrive pas à le sortir !

Il a réussi à passer ses mains sous les bras de

César, mais le garçon inanimé pèse près de cent kilos et M Collignot n'a autour des os que les muscles nécessaires au maniement d'un porte-plume.

— Enlevez-vous ! crie Paul.

Il écarte du bras le vieil homme, il saisit à deux mains les cheveux de César, il s'arc-boute, il tire. Enlever de là cet homme couché près de son Aline ! Ses deux pieds nus plaqués contre la fusée, ses cuisses tendues comme l'arc d'Héraclès, il arrache, il tire, il déracinerait un chêne.

Hono s'est levé, a ouvert une armoire de fer. Il revient avec une seringue hypodermique. Il dit à Irène :

— Relève ta manche gauche.

— Qu'est-ce que c'est ?

Il rit.

— C'est un sursis. C'est une drogue qui va nous donner la fièvre. Une fièvre de cheval ! Quarante, quarante et un et peut-être cinq ou six dixièmes de plus. Nous gèlerons un peu plus tard, tu comprends ? Nous allons peut-être gagner vingt ou trente minutes ! Est-ce que ce n'est pas formidable ?

M. Collignot, tremblant, baisse la manette. Les couvercles s'abaissent, le panneau glisse. La fusée est prête. M. Collignot a roulé César hors de la salle, et refermé la porte. Il s'assied. Il lui semble que ce n'est plus du sang mais de la colle qui coule dans ses veines. Ses doigts et ses yeux lui font mal. L'air devient trouble. La fusée se met à ronronner. La porte de béton et d'acier qui ferme le haut de la salle glisse, découvre un tunnel dans l'obscurité duquel s'éteignent les deux traits luisants des rails. Très loin, très haut, un point blanc : le ciel.

Un tonnerre de volcan à sa source. La fusée est déjà au-dessus du nuage. Dans le tunnel, dans la longue salle de départ s'éteint lentement la fumée incandescente des gaz de réaction, parmi lesquels tourbillonnent les cendres qui furent M. Collignot.

Le laboratoire a tremblé.

— Ils sont partis, dit Hono.

Irène se prend la tête à deux mains. La saignée de son bras gauche lui fait mal et sous ses mains elle sent battre ses tempes de plus en plus vite. Elle relève la tête et regarde Hono qui rabat sur son bras la manche de sa chemise. Elle dit :

— Toi qui sais tout, toi tu n'as rien pu trouver ?

— Il n'y a qu'un remède, dit Hono, c'est le feu de l'enfer. Ce feu, je l'ai mis en bouteille. Regarde...

Mme Privas regarde son mari avec des yeux de bête qui demande à son maître le remède à un mal qu'elle ne comprend pas. Marie-Fructueuse sanglote. Ils sont assis tous les trois autour de la table de la salle à manger. Ils viennent de faire le casse-croûte du matin. Ils sont baignés de sueur, et cette sueur gèle sur leur peau, soude leur linge à leur peau. Les larmes de Marie-Fructueuse s'écrasent sous ses doigts, en cristaux, collent l'une à l'autre ses paupières. Elle essaye de rouvrir les yeux. Elle ne peut pas, elle se met à crier et sent le gel faire de sa langue un morceau de bois. Elle referme la bouche, épouvantée ; elle ne sent plus son nez ni ses doigts, et ses pieds sont comme si la roue du char à grains avait passé sur eux.

Privas regarde le visage de sa femme se défaire, son nez blanchir, ses lèvres devenir violettes. Il sent des lames de couteau parcourir sa propre peau Par ce qu'il souffre il sait ce qu'elle souffre. Elle est de sa race, elle est courageuse, mais doit-il laisser ces deux femmes endurer des tortures qui ne font que commencer ? Il n'avait pas le droit de les laisser se tuer, mais il peut, lui, les délivrer. Il peut prendre leur mort sur lui. Vite, pendant qu'il lui est encore possible de bouger. Il se lève. Ses genoux craquent. Ses pieds sont des masses de plomb. Il fait le tour de la table en s'appuyant sur ses mains, il arrive près de sa femme, derrière elle, s'appuie au dossier de sa chaise, lui caresse les cheveux, les joues, tendrement, comme il ne l'a jamais fait de sa vie. Elle hoche doucement la tête pour dire merci. Mais il sent à peine ce qu'il touche, il doit se hâter. Il lui met la main gauche sur les yeux, de la main droite prend le couteau posé près de l'assiette, il appuie contre son ventre cette vieille tête qu'il aime, comme il y appuyait la miche de pain au début de chaque repas, et du même large geste qu'il avait pour entamer la miche, il donne la paix.

Irène regarde. Ses oreilles bourdonnent, mais la fièvre lui rend la vue, elle y voit clair au moins à trois mètres. Hono lui tend un flacon de verre plat qu'il a tiré de sa poche. La main qui tient le flacon tremble.

— Voilà le contraire de l'eau drue, dit Hono.

L'hydrogène qui entre dans sa composition, et dont j'ai modifié l'équilibre atomique, est avide de l'oxygène de l'atmosphère comme la femme est avide d'amour.

« Mais je te mens, je me vante, ce n'est pas vrai... Je n'ai pas réussi, personne n'a réussi tout à fait à fabriquer l'eau d'enfer. Il lui manque quelque chose. Elle est prête, elle est là, dans ce flacon, mais il lui manque quelque chose pour commencer à devenir active, pour devenir vivante, un catalyseur *vivant*, personne n'a trouvé, et moi non plus. Si un de ceux qui ont fait la guerre avait trouvé et jeté cette eau, une goutte de cette eau dans la nature, toute l'eau du monde se serait mise à brûler, échangeant son oxygène contre celui de l'air, les océans auraient flambé, les glaciers grillé, les fleuves coulé en flammes, tous les êtres vivants auraient brûlé comme phosphore, la Terre, au lieu de devenir boule de neige, serait devenue flambeau... »

Il s'exalte, la fièvre le brûle, les mots sortent de sa bouche comme balles de mitraillette, et Irène comprend, elle se sent extraordinairement lucide et intelligente comme elle ne l'a jamais été, son cerveau tourne à vitesse d'emballement, elle sait ce qu'elle sait, et elle sait ce qu'elle veut, elle sait qu'elle va mourir, et elle sait qu'elle veut cet homme qui est devant elle et qui lui parle et qu'elle écoute et qu'elle aime, et elle sait que mourir n'aura aucune importance.

— Si j'avais réussi, j'aurais mis le feu à toute cette neige tiède qui couvre le monde, et la Terre aurait brûlé et se serait couverte de cendres, et il aurait plu pendant dix ans sur cette cendre, il aurait plu de l'eau nouvelle, de l'eau ancienne, l'eau qui était au commencement du monde et où Dieu sema la vie, et la pluie aurait fait entrer la cendre dans le sol, et toute la terre serait devenue un grand champ fertile, attendant la graine. Et alors la fusée aurait pu se poser et la vie recommencer. Mais Dieu ne veut plus donner d'armes au Diable.

Irène prit le flacon des mains de Lucien, le posa à terre, prit la main de Lucien, l'attira vers elle, se coucha. Le sang, dans ses oreilles, ronflait comme mille violoncelles fous. Hono était sur elle comme le ciel, comme la Terre, comme Dieu.

Privas était tombé près de la table. Les deux femmes étaient en paix. Leur sang s'était gelé sur leurs vêtements. Il ne pouvait plus les voir car ses yeux venaient d'éclater. Il sentit le gel durcir ses mollets jusqu'à l'os et il ne put s'empêcher de hurler quand ses genoux se disjoignirent. Le gel s'enfonça dans sa gorge et lui colla la langue contre les dents. Ses bras se raidirent comme peaux de serpents sur un bâton. Il respirait encore, il pensait encore, il sentait encore toutes ses douleurs. Il avait horriblement chaud, un enfer dans la poitrine, toute la sueur qui ne pouvait plus sourdre de sa peau gelée. Mille aiguilles de glace se formèrent dans ses poumons et les percèrent. Le sang qui coula des blessures gela dans les bronches. Le cœur s'arrêta. L'intérieur du ventre grouilla encore pendant quelques instants.

Quarante degrés de fièvre, quarante et un. Ils

avaient jeté tous vêtements, leurs corps étaient ardeur et leurs cerveaux ardeur, ils ne savaient plus rien, ni vie, ni mort, ni chacun d'eux, ils ne savaient plus qu'eux deux l'un et l'autre et dans l'autre, un même sang ronflant, une même fièvre folle, une même soif.

Il ramassa le flacon près de sa main, le déboucha, but au goulot et jeta la bouteille vide qui fracassa des éprouvettes. Mais il n'entendait que le ronflement de ses oreilles, il n'avait même pas entendu les cris de joie tordue d'Irène, ni les mots qu'elle lui criait. Elle mit ses bras autour de lui et l'attira de nouveau sur elle, de nouveau il se perdit et dansa au rythme de son sang enragé.

Et dans le milieu de son corps poussa peu à peu une racine de feu de forge, et il lui semblait que cela était bien le normal aboutissement de la vie et de la mort et de la folie, que ce haut fourneau qui brûlait la racine de son corps était bien la terrible ardeur de l'amour, et qu'il devait la lui donner, à elle, à elle, à elle. Et une lance de flammes, de lave et de lumière jaillit de lui et se répandit en elle. Elle poussa de joie et de douleur le dernier cri de vie de la Terre, et il sut, avant de devenir torche, qu'il avait trouvé, et que le Diable l'avait eu.

La Terre était blanche. L'Arche éclata. Paris s'ouvrit comme une grenade, et l'Europe commença à brûler par le petit bout. Quelque part dans les ruines de Moontown, perçant le glacis de jaune d'œuf pourri et gelé et le manteau de neige, la voix du Civilisé disait : « Je suis heureux... »

DU MÊME AUTEUR

Aux Éditions Gallimard

LA PEAU DE CÉSAR (Folio Policier n° 64)

COLOMB DE LA LUNE (Folio n° 955)

LA FAIM DU TIGRE (Folio n° 847)

LE VOYAGEUR IMPRUDENT (Folio n° 485)

Aux Éditions Denoël

LE DIABLE L'EMPORTE (Folio Science-Fiction n° 48)

RAVAGE (Folio n° 238 et Folio Plus n° 9)

L'ENCHANTEUR (Folio n° 1841)

DEMAIN LE PARADIS

LA TEMPÊTE (Folio n° 1696)

JOURNAL D'UN HOMME SIMPLE

LA CHARRETTE BLEUE (Folio n° 1406)

TARENDOL (Folio n° 169)

Chez d'autres éditeurs

RÉCITS DES JOURS ORDINAIRES

LA NUIT DES TEMPS

BÉNI SOIT L'ATOME et autres nouvelles

ROMANS MERVEILLEUX

ROMANS EXTRAORDINAIRES

LES DAMES À LA LICORNE

UNE ROSE AU PARADIS

LE GRAND SECRET

Dans la même collection

107.	H. P. Lovecraft	*Par-delà le mur du sommeil*
108.	Fredric Brown	*L'Univers en folie*
109.	Philip K. Dick	*Minority Report*
110.	Bruce Sterling	*Les mailles du réseau*
111.	Norman Spinrad	*Les années fléaux*
112.	David Gemmell	*L'enfant maudit* (Le Lion de Macédoine, I)
113.	David Gemmell	*La mort des Nations* (Le Lion de Macédoine, II)
114.	Michael Moorcock	*Le Chaland d'or*
115.	Thomas Day	*La Voie du Sabre*
116.	Ellen Kushner	*Thomas le rimeur*
117.	Peter S. Beagle	*Le rhinocéros qui citait Nietzsche*
118.	David Gemmell	*Le Prince Noir* (Le Lion de Macédoine, III)
119.	David Gemmell	*L'Esprit du Chaos* (Le Lion de Macédoine, IV)
120.	Isaac Asimov	*Les dieux eux-mêmes*
121.	Alan Brennert	*L'échange*
122.	Isaac Asimov	*Histoires mystérieuses*
123.	Philip K. Dick	*L'œil de la Sibylle*
124.	Douglas Adams	*Un cheval dans la salle de bain*
125.	Douglas Adams	*Beau comme un aéroport*
126.	Sylvie Denis	*Jardins virtuels*
127.	Roger Zelazny	*Le Maître des Ombres*
128.	Christopher Priest	*La fontaine pétrifiante*
129.	Donald Kingsbury	*Parade nuptiale*
130.	Philip Pullman	*Les royaumes du Nord* (À la croisée des mondes, I)
131.	Terry Bisson	*Échecs et maths*
132.	Andrew Weiner	*Envahisseurs!*

133.	M. John Harrison	*La mécanique du Centaure*
134.	Charles Harness	*L'anneau de Ritornel*
135.	Edmond Hamilton	*Les Loups des étoiles*
136.	Jack Vance	*Space Opera*
137.	Mike Resnick	*Santiago*
138.	Serge Brussolo	*La Planète des Ouragans*
139.	Philip Pullman	*La Tour des Anges* (À la croisée des mondes, II)
140.	Jack Vance	*Le jardin de Suldrun* (Le cycle de Lyonesse, I)
141.	Orson Scott Card	*Le compagnon*
142.	Tommaso Pincio	*Le Silence de l'Espace*
143.	Philip K. Dick	*Souvenir*
144.	Serge Brussolo	*Ce qui mordait le ciel*
145.	Jack Vance	*La perle verte*
146.	Philip Pullman	*Le Miroir d'Ambre*
147.	M. John Harrison	*La Cité Pastel* (Le cycle de Viriconium, I)
148.	Jack Vance	*Madouc*
149.	Johan Héliot	*La lune seul le sait*
150.	Midori Snyder	*Les Innamorati*
151.	R. C. Wilson	*Darwinia*
152.	C. Q. Yarbro	*Ariosto Furioso*
153.	M. John Harrison	*Le Signe des Locustes*
154.	Walter Tewis	*L'homme tombé du ciel*
155.	Roger Zelazny et Jane Lindskold	*Lord Démon*
156.	M. John Harrison	*Les Dieux incertains*
157.	Kim Stanley Robinson	*Les menhirs de glace*
158.	Harlan Ellison	*Dérapages*
159.	Isaac Asimov	*Moi, Asimov*
160.	Philip K. Dick	*Le voyage gelé*
161.	Federico Andahazi	*La Villa des mystères*
162.	Jean-Pierre Andrevon	*Le travail du Furet*
163.	Isaac Asimov	*Flûte, flûte et flûtes!*

164. Philip K. Dick   *Paycheck*
165. Cordwainer Smith   *Les Sondeurs vivent en vain*

                                    (Les Seigneurs de l'Instrumentalité, I)

166. Cordwainer Smith   *La Planète Shayol* (Les Seigneurs de l'Instrumentalité, II)
167. Cordwainer Smith   *Nostrilia* (Les Seigneurs de l'Instrumentalité, III)
168. Cordwainer Smith   *Légendes et glossaire du futur* (Les Seigneurs de l'Instrumentalité, IV)
169. Douglas Adams   *Fonds de tiroir*
170. Poul Anderson   *Les croisés du Cosmos*
171. Neil Gaiman   *Pas de panique!*
172. S. P. Somtow   *Mallworld*
173. Matt Ruff   *Un requin sous la lune*
174. Michael Moorcock   *Une chaleur venue d'ailleurs* (Les Danseurs de la Fin des Temps, I)
175. Thierry di Rollo   *La lumière des morts*
176. John Gregory Betancourt   *Les Neuf Princes du Chaos*

À paraître:

177. Donald Kingsbury   *Psychohistoire en péril*, I
178. Donald Kingsbury   *Psychohistoire en péril*, II
179. Michael Moorcock   *Les Terres creuses* (Les Danseurs de la Fin des Temps, II)
180. Joe Haldeman   *Pontesprit*
181. Michael Moorcock   *La fin de tous les chants* (Les Danseurs de la Fin

*Composition Bussière
et impression Bussière Camedan Imprimeries
à Saint-Amand (Cher), le 15 avril 2004.
Dépôt légal : avril 2004.
1ᵉʳ dépôt légal dans la collection : février 2001.
Numéro d'imprimeur : 041781/1.*

ISBN 2-07-041732-8./Imprimé en France.